Gunnar Freudenberg

MEIN LEBEN ALS PAPA

Zeitungsgeschichten aus dem Alltag von Hannes und Michel

Bildnachweis
Umschlag:
Andreas Kratz, Vorderseite
Larissa Freudenberg, Rückseite

Innenteil:
Larissa Freudenberg, S. 10, 29, 48, 77, 84, 98, 120, 135, 142
Gunnar Freudenberg, S. 12, 14, 19, 21, 27, 32, 34, 40, 43, 52, 55, 59,
61, 66, 72, 75, 87, 90, 93, 95, 101, 105, 108, 115, 126, 132, 139

1. Auflage 2021
Alle Rechte vorbehalten, auch die des auszugsweisen Nachdrucks
und der fotomechanischen Wiedergabe.
Layout und Satz: Christiane Zay, Passau
Druck: Rindt Druck, Fulda
Buchbinderische Verarbeitung: Buchbinderei S. R. Büge, Celle
© Wartberg-Verlag GmbH
34281 Gudensberg-Gleichen, Im Wiesental 1
Telefon: 0 56 03 - 9 30 50
www.wartberg-verlag.de
ISBN 978-3-8313-3398-1

Inhalt

Vorwort

Als Lokalzeitungsredakteur schreibe ich über Autounfälle, Kunstausstellungen und politische Verfehlungen. Mal fällt es mir leichter, mal schwerer. Ein Vorwort für mein eigenes Buch zu verfassen, stellt mich allerdings vor große Probleme. Also mache ich das, was ich als Journalist auch tue, wenn ich nicht weiterkomme: Ich stelle Fragen. In diesem Fall mir selbst.

Vor fünf Jahren lief die erste Folge deiner Kolumne „Mein Leben als Papa" im Solinger Tageblatt und im Remscheider General-Anzeiger. Hättest du damals geglaubt, dass die Rubrik zum Dauerbrenner wird und jetzt sogar als Buch vorliegt?

Nein, ganz bestimmt nicht. Als ich gefragt wurde, ob ich für die neue Seite „Familienzeit" über das Leben als junger Vater von Hannes schreiben könnte, dachte ich: Okay, kann ich gerne versuchen – und nach zwei Monaten gucken wir mal, ob dieses Leben auch wirklich spannend genug ist, um jede Woche darüber zu schreiben.

Das heißt, du hattest anfangs Angst davor, dir könnten die Themen ausgehen?

Zumindest großen Respekt, ja.

Nach inzwischen mehr als 250 Folgen ist das aber nicht mehr so, oder?

Nein. Zumal meine Frau Larissa und ich vor gut drei Jahren mit Michel ja auch einen neuen Charakter erschaffen haben – extra für die Kolumne (lacht).

Verändert die Kolumne euren Familienalltag? Also denkst du ständig: Jetzt muss aber mal was passieren, worüber ich diese Woche schreiben kann?

Jein. Ich lasse das Leben einfach passieren. Und irgendwas passiert mit Kindern immer. Aber klar: Der Satz „Darüber kann ich schreiben" fällt schon oft. Und wenn ich Hannes zum Fußballtraining anmelde, weiß ich auch, dass irgendwann eine Geschichte folgen wird. Aber ich schaffe keine künstlichen Situationen nur für die Kolumne. Was ich allerdings festgestellt habe: Ich mache mittlerweile automatisch Fotos, auf denen Hannes und Michel von hinten zu sehen sind.

Gibt es außer der Tatsache, dass ihr Hannes und Michel nicht von vorne zeigen wollt, noch andere Tabus?

Generell versuche ich alles wegzulassen, was Hannes und Michel irgendwann mal peinlich sein könnte oder allgemein einfach zu intim ist. Meine Frau schaut ja zum Glück über alle Folgen am Ende noch mal drüber. Das ist schon ganz gut so.

Hat sich die Serie im Laufe der Jahre verändert?

Klar, das habe ich bei der Zusammenstellung dieses Buches auch noch mal festgestellt. Die Serie verändert sich mit den beiden Jungs. Als sie startete, war Hannes ja gerade erst ein Jahr alt geworden und konnte vielleicht zehn Wörter sprechen. Da ging es noch etwas mehr um mich und skurrile Situationen, die der Job als Papa mit sich bringt. Jetzt hauen Hannes und Michel selbst ständig Pointen raus. Inzwischen versuche ich mehr, das Familienleben als Ganzes mit allem Drum und Dran darzustellen.

Ist denn wirklich alles so wie in den Folgen passiert?

Es ist jedenfalls nichts erfunden. Manchmal überspitze ich etwas oder übertreibe. Manchmal untertreibe ich aber auch (lacht).

Negatives liest man eher selten. Ist das ganz bewusst so?

Ja. Da halte ich es mit dem inzwischen leider verstorbenen Wolfgang Rademann, der „Das Traumschiff" produziert hat: Die Leute wollen auch einfach mal abschalten und nur unterhalten werden. Auf meinem Schreibtisch steht eine Karte mit dem Spruch: „Das Passwort fürs Leben heißt Humor." So gehe ich durchs Leben und schreibe auch über mein Leben als Papa.

Du sollst doch nicht wegen dem Mama weinen

Hannes, 16 Monate

Ich komme morgens aus dem Badezimmer zurück ins Schlafzimmer und werde von Hannes begrüßt: „Mamaaa!" Ich komme von der Arbeit nach Hause und werde von leuchtenden Augen und einem freudigen Urschrei in Empfang genommen: „Mamaaa!" Ich komme natürlich immer mit, wenn Hannes mich an der Hand zum Ball, zur Spielküche oder zu den Büchern zieht: „Mamaaa!"

Hannes' Wortschatz ist in den vergangenen Wochen mindestens so schnell gewachsen wie seine Füße. Er versteht nahezu ALLES und spricht Wörter wie Bulgursalat und Kassettenrekorder so aus, dass zumindest die engsten Vertrauten sie verstehen können. Nur zwischen seinen engsten Vertrauten selbst unterscheidet er – zumindest verbal – nicht. Noch immer bin ich, ein stattlicher Mann von 1,94 Metern mit Drei-Tage-Bart, für meinen Sohn die Mama.

Sicher, das ist für mich als Papa jetzt nicht die allercoolste Anrede. Inzwischen habe ich mich aber daran gewöhnt. Die wissenschaftlich fundierten Erkenntnisse diverser Elternratgeber aus dem Netz beruhigen zusätzlich: „Mama", so steht es da geschrieben, „ist für die Kleinen kein Name, sondern ein Titel." Vor allem Papas, zu denen die Kinder ein besonders enges Verhältnis haben, würden Mama genannt.

Es ist ja auch nicht so, als wisse Hannes nicht, wer sein Papa und wer seine Mama ist. Das habe ich selbstverständlich anhand mehrerer Fotos getestet, als ich zum ersten Mal Mama

Vor allem Papas, zu denen Kinder ein besonders enges Verhältnis haben, werden Mama genannt, sagt die Wissenschaft.

genannt wurde. Allerdings wissen andere nicht, dass Hannes weiß, dass Papa eigentlich nicht die Mama ist, er ihn aber trotzdem so nennt. Bin ich mit Hannes und ohne die echte Mama auf dem Spielplatz, sorgt das manchmal für Irritationen. Wenn Hannes rutschen möchte, ein Flugzeug entdeckt oder Hunger hat, ruft er – na klar: „Mamaaa." Ich gebe mich dann immer eher zögerlich zu erkennen und erahne die Gedanken der anderen Mütter: „Ja, wo ist sie denn, diese herzlose Mutter, die ihrem Kind nicht mal antwortet?"

Inzwischen bin ich kurz davor, T-Shirts zu drucken mit der Aufschrift: „Nein, dieses Kind vermisst seine Mama nicht. ICH bin gerade die Mama. Die echte Mama ist zu Hause geblieben und putzt, kocht oder legt ausnahmsweise mal die Beine hoch."

Zum Muttertag haben Hannes und ich deshalb natürlich ein Geschenk für die echte Mama vorbereitet. Aber ganz ehrlich: Ich, die falsche Mama, wäre enttäuscht, wenn ich nichts bekäme ...

Der Tag, an dem ich vom Deppen zum Helden wurde

Hannes, 17 Monate

Wo ist Willi? Was wie eine neue Folge von „Biene Maja" klingt, war in Papas Urlaub eher ein Drama als eine Kinderserie. Ein verregneter Tag, an dem ich vom Deppen zum Helden wurde – in ganz kurzer Zeit. Und das kam so:

14 Uhr: Hannes blickt aus dem Fenster. Sollen wir mal raus zur Baustelle, Hannes? Klar, der Willi darf mit in den Kinderwagen. Ach, es wird schon nicht regnen ...

14.07 Uhr: Angekommen. Nieselregen. Boah, Hannes, guck mal: gleich zwei Bagger und zwei Kräne.

14.30 Uhr: Hannes im Baustellen-Paradies. Selig. Schön.

14.46 Uhr: So langsam müssen wir aber mal wieder! Komm, wir fahren noch in die Stadt und holen uns was zu essen.

14.55 Uhr: Stärkerer Regen. Ich gebe Gas.

15.03 Uhr: In der Bäckerei. Ein Brötchen für Hannes. Kuchen für Papa.

15.10 Uhr: Noch stärkerer Regen. Schnell in den Supermarkt. Du willst Erdbeeren, Hannes? Na gut, ist ja fast schon Sommer ...

15.18 Uhr: Nützt ja nichts. Lass uns schnell nach Hause flitzen.

15.27 Uhr: Es schüttet. Gleich haben wir es geschafft. Bist du sehr nass, Hannes? Passt du auch ein bisschen auf Willi auf? Willi? Wo ist Willi? Oh neeein!

Hannes' bester Freund Willi: Da war er endlich wieder.

15.30 Uhr: Zurückgehen? Erst nach Hause? Mama anrufen!

15.34 Uhr: Hannes zu Hause abgeliefert. Mama sieht vorwurfsvoll aus. Schnell das Fahrrad aus dem Keller geholt. Sei ein guter Papa. Bring Willi nach Hause!

15.40 Uhr: Wo haben wir Willi verloren? Und wann? Ich fahre den ganzen Weg umgekehrt noch mal ab.

15.45 Uhr: An der Supermarktkasse: Wurde hier ein Stofftier abgegeben? – Nein. Bemitleidende Kommentare der anderen Kunden: „Ja, so was ist immer schlimm." Stimmt, aber ich habe keine Zeit für eine Konversation. Ich bin auf einer Mission. Ich muss meinem Sohn seinen besten Freund zurückbringen.

15.48 Uhr: Auch in der Bäckerei: kein Willi.

15.53 Uhr: Weiterhin kein Willi. Nirgendwo.

15.59 Uhr: Die letzte Kurve vor der Baustelle. Die letzte Chance. Lieber (Karel) Gott, lass Willi dort sein!

16 Uhr: Wiiilliii! Da sitzt er. Auf der Bank. Nass, aber gesund. Danke, lieber Mensch, der du ihn da hingesetzt hast. Jetzt aber ab nach Hause.

16.03 Uhr: Hannes und Mama blicken aus dem Fenster. Entdecken mich. Mit Willi! Hannes freut sich, Mama guckt nicht mehr böse. Ich könnte summen.

Entscheidend ist eben nicht nur auf 'm Latz

Hannes, 18 Monate

Wir haben ganz harmonisch seinen Namen ausgewählt, sein Kinderzimmer gemeinsam gestaltet, und wir ergänzen uns – so glauben wir – bei der Erziehung perfekt. Was Hannes betrifft, sind wir uns als Eltern eigentlich in allen Belangen einig. Außer beim Fußball, der für den Papa wichtigsten Nebensache der Welt.

Was schon gut läuft: Ich habe es geschafft, dass Hannes mit seinen 18 Monaten jeder runden Kugel hinterherläuft. Dass er „Ball" noch vor „Wau wau" oder „Muh" sagen konnte. Und dass er einen durchchoreografierten Jubel zelebriert, wenn man „Tooor" ruft. Ein grundsätzliches Fußballinteresse ist bei Hannes also schon früh vorhanden.

Irgendwann aber wird es ernst. Irgendwann muss er Farbe bekennen. Irgendwann muss er sich für einen Verein entscheiden.

Bei mir war es einst Rudi Völler, dessen Karikatur in einer Fernsehzeitung mich zum Fan von Werder Bremen machte. Als bergischer Jung habe ich es nie bereut, „Fischkopp" zu sein. Ich durfte Meisterschaften, Pokale und sogar einen internationalen Titel feiern. Und erlebe seit Jahren regelmäßig, wie es ist, kurz vor dem Abgrund zu stehen. Sprich: Mein Verein hat mich gefordert, hat mich fürs Leben gestählt.

„Bremen ist Kacke", sagt aber die mit Dortmund sympathisierende Mama und entzog mir schon vor der Geburt die Erlaubnis, meinen Sohn zu einem Werder-Verbündeten zu machen. Er soll sich seinen Verein selbst aussuchen dürfen –

Die übergroße Dort-mund-Fraktion im Freun-deskreis geizt nicht mit Geschenken.

Schalke mal außen vorgelassen. Anders ausgedrückt: Es gilt das Abkommen, jegliche Beeinflussung zu unterlassen. Doch leider hält die Mama auch ohne ihr Zutun Trümpfe in der Hand. Hannes liebt etwa die schwarz-gelbe Biene Maja. Und bei seiner Mutter war es seinerzeit die Trikotfarbe, die sie zur Borussia zog.

Erschwerend kommt hinzu, dass die übergroße Dortmund-Fraktion in unserem Freundeskreis nicht mit schwarz-gelben Geschenken geizt. Die werden natürlich vom Papa aussortiert. Nur das Lätzchen mit dem Aufdruck „Entscheidend is auf'm Latz" darf er behalten. Das wird ja schließlich nur beschmutzt.

Jetzt mischen auch noch die großen Bayern mit. Es existiert ein Video der Schwägerin, auf dem Hannes zur Bayern-Hymne tanzt. Ein Stich in mein Herz. Inzwischen bin ich nur noch um Schadensbegrenzung bemüht: Komm, lass ihn einfach Bochum-Fan werden. Oder geh reiten, mein Junge!

Manchmal geht es um Leben und Tod

Hannes, 18 Monate

Man bemüht sich ja. Man will ja Vorbild sein und mit gutem Beispiel vorangehen. Also hat es sich bei uns so eingebürgert, dass jedes Getier, welches ab und zu irrtümlicherweise in unserer Wohnung und nicht im Freien kreucht und fleucht, mit gewissenhafter Akribie in sein natürliches Refugium zurückbefördert wird. Ja, Marienkäfer, Fliegen und Co. in die Freiheit zu entlassen, ist für Hannes ein beliebter Programmpunkt.

Als er neulich mal wieder eine winzige Spinne an der Decke entdeckte, rannte er sofort in sein Zimmer, um ein Blatt Papier zu holen. Das reichte er nun mir. Ich stand auf dem Stuhl und mühte mich mit einem Glas in der Hand, die kleine Spinne an der hohen Altbaudecke zu erreichen. Es gelang zwar, aber zwei Beinchen erwischte ich trotz aller Vorsicht nicht ganz. Die jetzt unterdurchschnittlich bebeinte Spinne lag regungslos im Glas. Was tun? Schnell das Papier aufs Glas gelegt, Fenster aufgemacht und: „Oh nein, Hannes, jetzt ist sie schon weggekrabbelt."

Am nächsten Tag entdeckte die Mama eine Kellerassel auf dem Fußboden. „Sollen wir sie freilassen?", fragte ich Hannes in der Erwartung, er würde ein Blatt Papier aus seinem Zimmer holen und alles würde seinen gewohnten Gang gehen. Stattdessen sagte er nur eiskalt „Nein!", hob sein rechtes Bein und „Plaaatsch!" gab es Zuwachs im Kellerassel-Himmel. Eiskalt zermatscht. Mit dem Schuh. Ohne Vorwarnung. Ohne mit der Wimper zu zucken. Ohne danach noch ein Wort darüber zu verlieren.

Wir waren perplex. Das kann er sich doch nicht bei Mama und Papa abgeguckt haben. Und auch nicht bei den Omas, die gerne mal draufhauen und gewiss ihren Anteil am globalen Insektensterben haben. Scheint also doch irgendwie im Menschen drin zu sein, diese Abscheu vor Krabbelviechern.

Am nächsten Abend – Hannes längst im Bett, wir kurz davor – sah ich aus dem Augenwinkel, wie etwas Schwarzes mit langen Beinen unter der Chipstüte verschwand. Eine Spinne. Diesmal groß, nicht winzig. Die Mama rannte sofort los, um kein Blatt Papier zu holen, sondern meine Hausschuhe. „Plaatsch!" Auch Anderthalbjährige können Vorbilder sein.

Im Möbelhaus: Spielst du nur oder kaufst du auch?

Hannes, 19 Monate

Früher, also in der Zeit vor Hannes, da fand ich den Gang durchs schwedische Möbelhaus eigentlich ganz entspannend. Ein bisschen gucken, ein bisschen Nippes kaufen und am Ende einen Hotdog reinpfeifen. Und wenn dann doch mal etwas Größeres gekauft werden musste, wusste ich, dass meine geschickte Frau mit dem Aufbau keine Probleme haben würde. Mit Hannes ist ein Gang durch den blauen Klotz anders. Nicht mehr entspannend, sondern aufregend. Manchmal auch nervig. Oder lustig. Auf jeden Fall aber unterhaltsam. Und nicht planbar ...

GEPLANT:

Ein Regal kaufen und wieder nach Hause fahren.

TATSÄCHLICH:

Familienparkplatz finden. / Sich darüber aufregen, dass kinderlose Paare die Familienparkplätze blockieren. / Durch die Drehtür und natürlich die Rolltreppe nehmen. / Nein, wir können nicht noch mal fahren, Hannes! / Noch mal Rolltreppe fahren. / Auf den Richtungspfeilen auf dem Boden mithopsen. / Möglichst viele Wege abkürzen. / Hannes irgendwie von den bunten Touchscreens für Kinder wieder wegkriegen. / Lagerplatz des Regals aufschreiben. / Hannes die Holzeisenbahn und die Stoffkatze aus der Kinderabteilung wieder abluchsen. / Im Restaurant die Familienportion Köttbullar (30 Bällchen) auswählen und zwischen 30 anderen Familien zu sich nehmen. / Sich dabei einsauen. / Vollbeschmiert in der unteren Etage weiter einkaufen. / Natürlich den Aufzug nehmen. / Kapitulieren und noch mal mit dem Aufzug hoch- und wieder runterfahren / Hannes in den Einkaufswagen setzen und mit ihm in Schlangenlinien fahren. / Hui, das macht Spaß! / Lagerplatz des Regals ansteuern. / Regal nicht da. / Einkaufswagen trotzdem gefüllt. / An der Kasse bezahlen. / Ein Softeis für Hannes kaufen. / Durch die Drehtür nach draußen. / Tropfendes Softeis immer wieder ablecken. / Noch beschmierter nach Hause fahren. / Regal drei Tage später wieder da. / Wir auch. / Ab durch die Drehtür und alles von vorne …

Freundlich bis ins Erdreich hinunter

Hannes, 20 Monate

Er hat sich erschreckt, der aufgeweckte Junge, der uns am Wochenende immer die Werbeprospekte in den Briefkasten wirft. Jedenfalls zuckte er merklich zusammen, als Hannes aus dem Garten heraus seinen Schrei losließ. Dabei war es gar nicht Hannes' Absicht, ihn zu ärgern oder so. Er wollte sich nur für die Dienstleistung bedanken und schickte deshalb ein lautes „Daaanke"! in den Gehörgang des nun noch aufgeweckteren Jungen.

Ja, Hannes kann sehr freundlich sein. Wenn er es möchte. Wenn nicht, bringt es auch nichts, Freundlichkeit von ihm einzufordern. Kenne ich doch von mir selbst. Auf Familienfeiern habe ich früher fast gar nicht kommuniziert. Das hat sich erst so mit 20 verwachsen. Zu Hause war ich dagegen immer schon ein liebenswürdiges Kerlchen. Bei Hannes verhält es sich ganz ähnlich. Kommt Besuch zu uns, ist Rabatz mit Budenzauber angesagt. Sind wir woanders zu Besuch, verhält sich Hannes – zumindest anfangs – abwartend und mauernd wie Werder beim Auswärtsspiel in München.

Finden wir völlig okay, zumal er im Alltag seit einiger Zeit wirklich charmant unterwegs ist. Wenn Hannes mich fragt „Papa, kannst du mir Vanilleeis holen, bitte?", schmelze ich dahin, bevor das Eis in seinem Mund schmilzt. „Wie bitte?" benutzt er mittlerweile häufiger als ich. Und wenn er fragt „Mama, alles in Ordnung bei dir?", lächle ich in mich hinein – obwohl es 3.15 Uhr in der Nacht ist und ich lieber weitergeschlafen hätte. Es scheint also, als sei die manchmal anstrengende Methode „Erziehen durch Vorleben" erfolgreich. Auf jeden Fall bringt sie mehr als das Beibringen, das

Ermahnen und das Belehren. „Und was sagt man da?", frage ich ihn schon lange nicht mehr, wenn er beim Bäcker ein Brötchen geschenkt bekommt.

Hannes weiß schon genau, was er tut. Auch im Umgang mit anderen Kindern. An manchen Tagen teilt er seine Spielsachen gerne, an manchen nicht. Wenn nicht, haut er aber nicht um sich, sondern versucht es mit Argumenten. „Das Bobbycar ist viel zu groß für dich", erklärte er etwa dem kleineren Nachbarsjungen. Der weinte trotzdem. Egal mein Junge, der Plan war nicht schlecht.

Manchmal treibt Hannes' Freundlichkeit auch seltsame Blüten - und mir die Lachtränen in die Augen. Als wir neulich beim Blumenpflanzen im Garten die Erde auflockerten, förderten wir einen Regenwurm zutage - und Hannes wandte sich sogleich an den Erdbewohner: „Entschuldigen Sie bitte die Störung!"

Quält nie ein Tier zum Scherz, sondern zeigt im Umgang Herz: Hannes, der Wurmversteher.

Ein Tag am See, oder: Drama um die Nudel

Hannes, 21 Monate

Wasser ist für Hannes das Größte. Ein Badesee das Paradies. Nicht nur, weil er Steine ins Wasser werfen, auf der Luftmatratze fahren und mit der Gießkanne spielen kann, sondern auch, weil drumherum so viel passiert. Ein Tag am See im Zeitraffer ...

12.10 Uhr: Endlich angekommen. Parkplatz und sogar eine schöne Badestelle gefunden. Hier haben wir unsere Ruhe.

12.15 Uhr: Ich blase die Luftmatratze auf, Hannes wirft den ersten Stein ins Wasser.

12.17 Uhr: Vorbei mit der Ruhe: Zwei Männer und sieben Kinder gesellen sich zu uns. In welcher Verbindung auch immer die zueinander stehen.

12.18 Uhr: Die Kinder hüpfen sofort ins kalte Wasser. „Mein Pillemann ist ganz klein", ruft ein Junge.

12.30 Uhr: Hannes beobachtet das laute Treiben im Wasser interessiert, lässt sich aber nicht aus der Ruhe bringen und wirft weiter Steine. „Aber nicht in Richtung der Kinder, Hannes", mahne ich politisch korrekt.

12.37 Uhr: Ich versuche noch immer, die Luftmatratze aufzublasen. Wird nix. Mama übernimmt.

12.38 Uhr: Die Luftmatratze ist aufgeblasen.

12.55 Uhr: Die beiden Männer gehen jetzt auch ins Wasser. „Boah, ist das kalt", ruft der eine. „Abmarsch, wir gehen zurück", gibt der andere das Zeichen zum Aufbruch.

Stein oder nicht Stein: Für Hannes keine Frage.

13.03 Uhr: Jetzt planschen Hannes und ich im Wasser. Hannes ist selig. Ich friere und denke dasselbe wie zuvor der Junge, behalte es aber für mich.

13.15 Uhr: Eine Frau lässt ihren Hund ins Wasser. Der Hund schüttelt sich anschließend über Hannes' Handtuch trocken. Mama schimpft.

13.20 Uhr: Pause auf dem nassen Handtuch. Eine Banane für Hannes.

13.46 Uhr: „Ich brauche meine Nudel", ruft ein Mädchen, das mit seinen Großeltern gekommen ist. Sie hat offensichtlich keinen Hunger, sondern meint eine Schwimmnudel.

14.14 Uhr: Die Oma steht noch im Wasser und hat für fünf Meter 30 Minuten gebraucht. Sie schüttet sich Wasser über die Arme, um sich an die Wassertemperatur zu gewöhnen. „Bin gleich da", ruft sie zu dem nudellosen Mädchen.

14.25 Uhr: Hannes entfernt sich ein paar Meter. Als er zurückkommt, duftet sein Hintern nicht schön.

14.30 Uhr: Die Oma hat sich endlich überwunden, das Mädchen hat es inzwischen auch ohne Nudel an Land geschafft.

14.33 Uhr: Hannes lässt sich in aller Ruhe wickeln, während sich lautstark die nächsten Gäste ankündigen.

14.42 Uhr: Zwei Jungs duellieren sich mit Wasserpistolen. Die Mutter daddelt am Smartphone und raucht. Der Vater nippt am Bier.

14.50 Uhr: Weißt du was, Hannes? Wir gehen jetzt ein Eis essen, okay? Nun schreit auch Hannes. Vor Freude. Und alle richten ihre Blicke ausnahmsweise mal auf ihn.

Ist Papas Daumen ab, geht Hannes' Daumen hoch

Hannes, 21 Monate

Früher, oder wie Hannes neuerdings gerne Sätze einleitet: „Als ich klein war …" – also früher, als Hannes noch klein war, da reichte es auch schon mal, wenn sich Papa einen Kochtopf auf den Kopf setzte – und Hannes fühlte sich bestens unterhalten.

Diese Zeit ist vorbei. Immer die gleiche Masche, das funktioniert vielleicht bei den Fans von Otto Waalkes seit über 40 Jahren. Aber nicht mehr bei Hannes. Er lechzt nach neuen Unterhaltungsformen. Aktuell sehr beliebt: Zauberei.

Ehrlich gesagt stecken in mir nicht unbedingt die Ehrlich Brothers. Das kleine Einmaleins der Alltagsmagie beherrsche ich aber. So habe ich bestimmt schon 200 Euro Spielgeld aus Hannes' Ohren gezaubert. Auch Legosteine, Eierbecher oder Stifte fanden den Weg aus seiner Ohrmuschel. Was eben auf die Schnelle greifbar ist, wenn er spontan zu mir sagt: „Papa, zauber was aus den Ohren!"

Ebenfalls zur Kategorie „Bitte nicht nachmachen!" gehört der Trick „Mund stopfen". Hannes reicht mir dazu seine Plastikwürstchen und Holzbananen – und ich verschlinge sie gieriger als eine hungrige Raubkatze ihr rohes Stück Fleisch. Dazu drehe ich mich geschickt seitlich zu Hannes und schiebe das Mahl an meiner Wange vorbei. Eine täuschend echte Illusion, die Hannes allmählich allerdings langweilt.

Höher im Kurs steht da im Moment noch der „Daumen-ab-Trick". Ein alter Hut, seit Generationen weitervererbt. Für Hannes aber immer noch faszinierend. Die Stimmung kann höchstens kippen, wenn ich seinen Daumen verschwinden lassen soll. Geht einfach nicht. Aber es kommt der Tag, Hannes, da verrate ich dir alle meine Tricks. Versprochen!

Er kann ja auch jetzt schon alleine zaubern. Mit seinem Glitzer-Zauberstab verwandelt er Papa zum Beispiel in Tiere. „Zauber, zauber, Pferd!", hext er – und Papa wiehert. „Zauber, zauber, Schwein" – und Papa grunzt. „Zauber, zauber, Maulwurf!" – und Papa weiß nicht, was er machen soll.

Glänzen kann ich dagegen, wenn wir an der roten Ampel stehen. Zumindest an den mir vertrauten Beleuchtungsanlagen weiß ich, wann ich ein „Zauber, zauber, grün!" anbringen muss, damit die Ampel auch im richtigen Moment umspringt. It's magic!

Irgendwann wird vermutlich auch der Ampel-Trick nicht mehr reichen, um Hannes in Erstaunen zu versetzen. Aber darauf bin ich vorbereitet: Ich habe bereits gecheckt, ob sich Teddybär Bärnie einfach wieder zusammensetzen lässt, wenn ich ihn zersäge …

Und plötzlich ist er wirklich groß

Hannes, 22 Monate

Natürlich habe ich mir freigenommen. Ist doch klar. Der erste Tag im Kindergarten ist eben ein ganz besonderer. Der nächste Meilenstein in Hannes' Leben. Und in dem seiner Eltern. Mit einem guten Gefühl ziehen wir die Haustür hinter uns zu. Ein letztes „Wo geht es jetzt hin?" erwidert Hannes mit einem euphorischen „In den Kindergaaarteeen". Stolz trägt er seine neue Tasche. Die mit dem Traktor, der Kuh und seinem Namen (in Hellblau) drauf. Ergänzt sich prima mit der Butterbrotdose (Autos), den Hausschuhen (Feuerwehr) und der Trinkflasche (Dinosaurier), die sich nun auch ihren Platz im Kindergarten suchen müssen. Die Mama schleppt.

Ich habe eine andere Last zu tragen, denn mir bleibt an diesem besonderen Tag nur die Nebenrolle. Weil wir nicht wollen, dass er sich am ersten Tag von Mama UND Papa verabschieden muss, umarme ich ihn schon am Auto und wünsche ihm ganz viel Spaß. Hannes lächelt, ihn zieht es zum Eingang. Ein Kuss noch, mehr Zeit geht nicht für Sentimentalitäten drauf. Er kennt den Kindergarten schließlich. Durfte hier schon ein paar Nachmittage spielend verbringen. Fand das immer gut. Warum sollte das heute anders sein?

Hand in Hand ziehen Mama und Hannes also davon, während ich wieder nach Hause fahre und mich mit Hausmannsarbeiten ablenke. Beim Spagettiabhängen, Müllkochen und Wäscherausbringen – oder so ähnlich – kreisen meine Gedanken um Hannes' erste Minuten als Kindergartenkind.

Die sind super, erzählt man mir später. Hannes kommt in die Würfelgruppe. Das Tier auf seinem Garderobenhaken ist ein Vogel. Elefant, Löwe oder Giraffe wären zwar cooler gewesen, aber wir waren nun mal im Urlaub, als man sich das aussuchen durfte. Immerhin hat der Vogel blaue Flügel. Und Blau ist auch die Lieblingsfarbe seiner Gruppenleiterin. Von so einer netten Frau lässt er sich problemlos in die Gruppe mitnehmen.

Die Mama bleibt vorsichtshalber im Flur sitzen. Bei Problemen könnte sie jederzeit eingreifen – im Gegensatz zu mir. Wie gerne wäre ich ein Videoschiedsrichter, der die Würfelgruppe aus allen Perspektiven beobachten kann und über Headset mit den Erzieherinnen verbunden ist. „Achtung, der Turm aus Bauklötzen stürzt gleich ein, das könnte Ärger geben." Oder: „Den Jungen mit dem roten T-Shirt bitte verwarnen, er hat zum wiederholten Male ein Auto geklaut." Ist aber gar nicht nötig. Das Spiel(en) läuft völlig fair ab. Hannes feiert ein gelungenes Debüt. Nur ab und zu besucht er die Mama im Flur, um sich dann wieder mit Schwung ins Getümmel zu stürzen.

Irgendwann schwinden aber seine Kräfte. Als das gemeinsame Frühstück ansteht, kündigt sich ein Trotzanfall an – und kommt zum Ausbruch. „Kann ich die letzte Aktion noch mal in Zeitlupe sehen?", würde sich Videoschiedsrichter Papa jetzt gerne einmischen, aber Mama und die Gruppenleiterin haben schon entschieden, Hannes auszuwechseln. Das reicht auch für den ersten Tag. Nicht übertreiben.

Am Nachmittag ist Hannes müde. Sehr müde. „Jetzt weißt du mal, wie sich Papa fühlt, wenn er von der Arbeit kommt", denke ich nur, sage ich aber nicht. Auf seinem Bett genießt Hannes die Kekse aus der Kindergartentüte, die Mama liebevoll gebastelt hat. Krümelnd erzählt er mir von den Dinosauriern im Kindergarten. Und dass seine Gruppenleiterin nicht nur Blau, sondern auch Käse gerne mag. Genau wie er. Der Trotzanfall ist kein Thema mehr. Morgen will er wieder „in den Kindergaaarteeen!".

Tag zwei: Hannes wird im Kindergarten euphorischer begrüßt als Papa im Büro. Dass er heute wieder auftaucht, hätten nicht alle Erzieherinnen gedacht. Sie wissen eben noch nicht, dass Hannes kein bisschen nachtragend ist. Als wäre es schon lange Alltag, geht er in die Würfelgruppe und spielt. Auch das gemeinsame Frühstück ist diesmal kein Problem.

Die Mama sitzt zwar wieder im Flur, bleibt heute aber quasi beschäftigungslos. Vom Fenster aus kann sie beobachten, wie Hannes auf dem Spielplatz mit den anderen Kindern fröhlich wippt, läuft und im Sand spielt. Nur umziehen lassen wollte er sich vorher nicht. Auch nicht von der Frau, die Käse und Blau mag. Irgendwie ja auch verständlich, oder?

Mittags klingelt mein Handy. Noch auf dem Rückweg im Auto möchte Hannes seinem Papa vom zweiten Tag im Kindergarten erzählen. Da war ich früher anders. „Wir war's in der Schule?" – „Jo." So lief bis zum Abi ein typischer Dialog zwischen mir und meinen Eltern ab. Irgendwann abends habe ich dann von der 2+ in Deutsch oder der 4- in Mathe berichtet.

Aus Hannes sprudelt es aber heraus. Da gebe es eine Wasserbahn im Sandkasten. Leider sei er nicht dazu gekommen, mir ein Bild zu malen. Aber da sei auch ein großer Drache gewesen. Ich merke: Hannes ist im Kindergarten angekommen.

Als ich später von der Arbeit komme, hat sich Hannes schon erholt und tobt im Garten. Der Kindergarten spukt aber noch in seinem Kopf herum. Jonas sei sein bester Freund. Aber da gebe es auch noch andere Kinder. „Pipi" und „Kacka" hießen die, berichtet Hannes. Herzlich willkommen, Kindergarten-Humor!

Auch Tag zwei endet abends früh im Bett. Morgen will Hannes sein Krokodil mitnehmen und damit Mama rausschmei-

Keine Zeit für Sentimentalitäten: An Mamas Hand und mit neuer Tasche zieht es Hannes in den Kindergarten.

ßen. Haben sie so ausgemacht. Doch dazu kommt es an Tag drei gar nicht. Mama kriegt zwar noch einen Kuss, dann ist Hannes aber auch schon verschwunden, um neue Abenteuer mit Jonas, Pipi, Kacka und der Frau, die Käse und Blau mag, zu erleben. Mama muss heute nicht mehr im Flur sitzen. Ach Hannes, jetzt bist du wirklich ein großer Junge!

Andere gehen ins Kino, wir kriegen ein Kind

Hannes, 22 Monate, Michel, 1 Tag

Meine Frau ist Hebamme. Sie ist also vom Fach und weiß, was sie im Kreißsaal zu tun hat. Bei Hannes lief damals auch alles wunderbar. Eine entspannte Geburt, kein traumatisches Erlebnis für mich. Deshalb war mir auch vor Michels Geburt nicht bang. Zehn Tage danach bin ich allerdings noch nicht sicher, wie ich seine Niederkunft beschreiben soll: Perfektes Timing? Oder: Mann, war das knapp! Urteilen Sie selbst:

19.50 Uhr: Hannes ist eingeschlafen. Jetzt gemütlich fernsehen und sich berieseln lassen.

19.57 Uhr: Die Fruchtblase ist geplatzt. Der gemütliche Fernsehabend auch.

19.58 Uhr: Cool bleiben, Ruhe ausstrahlen. Als Hannes sich nachts per Blasensprung auf den Weg machte, bin ich panisch aufgesprungen und wollte sofort losfahren. Meine Frau ging erst mal seelenruhig in die Wanne. Bis Hannes kam, dauerte es noch.

19.59 Uhr: „Mach dich in Ruhe auf den Weg!", sage ich zur Schwägerin, die versprochen hat, auf Hannes aufzupassen, wenn es so weit ist. „Mach dich bitte schnell auf den Weg", sagt meine Frau zu unserer Beleghebamme Anke. Okay, heute läuft irgendwas anders.

20 Uhr: „Komm bitte doch schnell!", schreibe ich meiner Schwägerin.

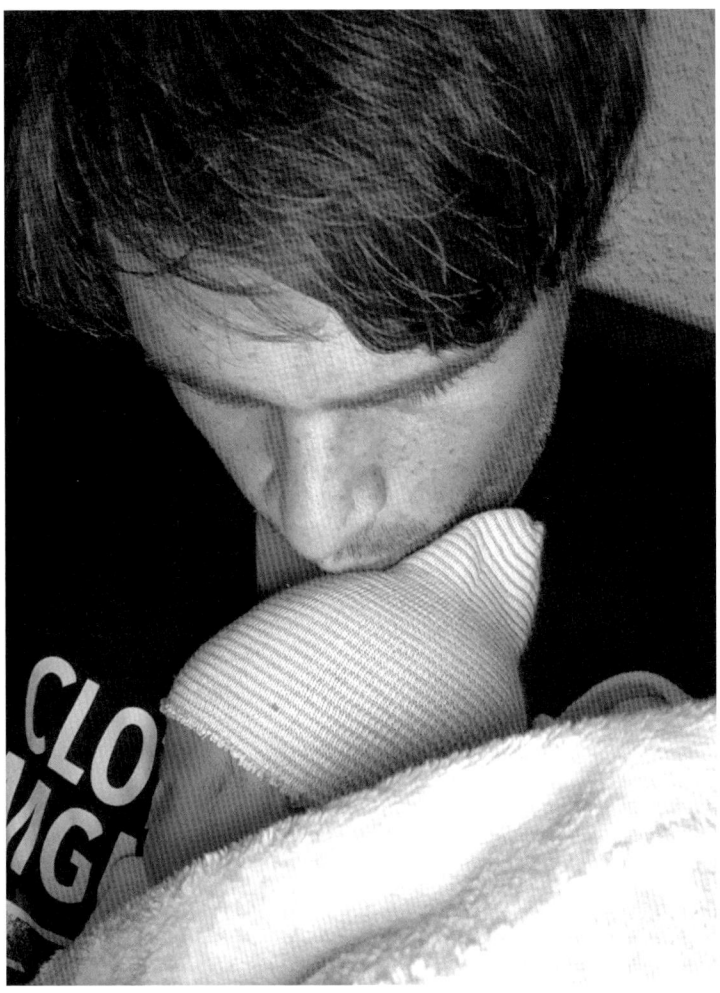

Der stolze, überrumpelte und glückliche Papa mit Michel.

20.15 Uhr: Die Schwägerin ist da. Wir können losfahren. „Warum kommst du nicht?", frage ich meine Frau, die gerade eine Wehe wegatmet. Ihre Blicke töten mich fast.

20.20 Uhr: Unterwegs. Hebamme Anke ruft an. Was ich verstehe: Ich soll mehr Gas geben.

20.24 Uhr: „Es kann sein, dass du gleich im Auto zum Geburtshelfer wirst", höre ich meine Frau sagen.

20.25 Uhr: Gaaas! Rote Ampeln interessieren mich nicht mehr.

20.32 Uhr: Parkticket am Krankenhaus gelöst.

20.34 Uhr: Parkplatz gefunden. Die Hebamme wartet mit noch nassen Haaren auf uns. Sie war gerade noch joggen. Jetzt läuft sie mit meiner Frau im Rollstuhl in den Kreißsaal. Ich komme kaum hinterher.

20.37 Uhr: Ankunft im Kreißsaal. Frau legt sich hin. Es wird geatmet und geschoben. Keine Zeit mehr für irgendwelche Aufnahmezettel. Die Oberärztin schafft es so gerade. Noch einmal schieben. Einmal noch.

20.44 Uhr: Da ist er schon. Fast vier Kilo schwer. Gesund und munter. Willkommen auf der Welt, Michel! Und danke, Anke!

20.45 bis 22.50 Uhr: Glücklich, überrumpelt, stolz, ungläubig, glücklich.

22.51 Uhr: Was sollen wir noch hier im Krankenhaus? Wir wollen nach Hause. Mit Michel. Zu Hannes.

23.20 Uhr: Wieder da. Drei Stunden, nachdem wir die Wohnung verlassen haben. Andere gehen in dieser Zeit ins Kino. Wir hatten im Kreißsaal unser Happy End. Und Hannes? Der lernte Michel erst am nächsten Morgen kennen ...

Der Beginn einer ganz großen Liebe

Hannes, 23 Monate, Michel, 17 Tage

Es war Liebe auf den ersten Blick. Und sie hält. Schon seit 17 Tagen. Seit Hannes als großer Bruder erwachte. „Der Michel ist da und liegt im Schlafzimmer", weckte ich den Großen am Morgen nach der Turbogeburt des Kleinen. Sofort waren seine Sinne geschärft.

Aufgeregt, aber ganz souverän kroch er ins große Bett und ging auf Tuchfühlung mit seinem kleinen Bruder. „Kann ich ihn mal auf den Arm nehmen?", fragte er. Und er fragt immer wieder. Seit 17 Tagen. Natürlich darf er ihn auf den Arm nehmen. Und kuscheln. Und Küsschen geben. Immer wieder. Wir freuen uns und sind einfach stolz, dass Hannes sich so freut und so stolz ist.

Liebe kann aber auch erdrücken. Bei Hannes ist das wörtlich zu nehmen. 4 Kilo zartbesaiteter Neugeborener treffen auf 18 Kilo Kleinkind-Kraftpaket. „Vooorsichtig, Hannes!" Seit 17 Tagen.

Aber wenn heftige Kuscheleien das größte Problem sind, ist doch alles gut. Es hätte schließlich auch anders laufen können. Es hätte sein können, dass Hannes auch mal nichts von diesem ab und zu schreienden und meistens schlafenden Baby wissen will, das nachts seinen Platz an Mamas Seite eingenommen hat. Stattdessen wacht er morgens auf und hat nur einen Gedanken: „Papa, lass uns gucken, was Michel macht!"

Es hätte nicht verwundert, wenn Hannes auch mal wieder Zeit nur mit seiner Mama einfordern würde. Stattdessen

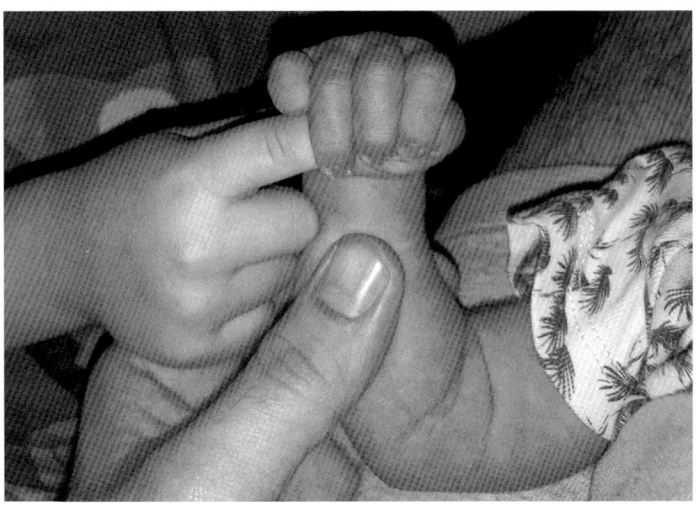

Große Jungs unter sich: Hannes, Michel und Papa sind schon ein eingespieltes Team.

schmeißt er sie sogar manchmal liebevoll aus seinem Zimmer, blickt zu mir und Michel und verweist darauf, dass das ja jetzt ein „Große-Jungs-Zimmer" sei.

Es hätte Hannes nerven können, dass Michel ständig von Mama gestillt werden muss. Stattdessen zieht er sich einfach selbst das T-Shirt hoch und gibt ihm die Brust. Wenn es Helikopter-Eltern gibt, also überfürsorgliche Mütter und Väter, dann ist Hannes so etwas wie ein Helikopter-Bruder. „Keine Sorge, Michel", flüstert er seinem neuen Freund immer wieder ins Ohr, wenn dieser mal ein bisschen zu moppern anfängt. Vor meinem geistigen Auge sehe ich schon, wie sich der 14-jährige Hannes auf dem Schulhof für seinen kleinen Bruder prügelt ...

Und Michel? Der ist total auf seinen großen Bruder fixiert und reagiert, sobald er Hannes' Stimme auch nur aus der Ferne wahrnimmt. Den Vormittag nutzt er deshalb gerne zum Schlafen und Erholen. Könnte er schon sprechen, würde er Hannes' Worte wohl erwidern, mit denen er ihn nach dem Kindergarten begrüßt: „Ich hab dich so vermisst."

Ja, diese Geschwisterliebe geht schon ans Herz. Aber wie es in der Liebe eben so ist: Es werden Höhen und Tiefen kommen. Es wird Enttäuschungen geben. Und vielleicht auch Eifersucht. Aber jetzt, da sind wir ehrlich, jetzt sind wir einfach nur froh über unser Traumpaar Hannes und Michel.

Mama hat's nicht leicht: Alleine unter drei Jungs

Hannes, 3 Jahre, Michel, 6 Wochen

Sie hat es nicht immer leicht mit uns. Aber zum Glück bewahrt die Mama kühlen Kopf, wenn ihre drei Männer genau das mal wieder nicht tun. So wie in dieser Woche.

Der Kleine: U 3, Vorsorgeuntersuchung:

Michel ist gestillt und deshalb eigentlich gechillt. Bis seine Klamotten fallen müssen. Denn noch kühler als Mamas Kopf sind ihre Hände. Michel beginnt zu schreien. Und er hört auch nicht mehr auf. Nicht beim Wiegen. Nicht beim Messen. Nicht bei der gesamten Untersuchung. Die Kinderärztin ist beeindruckt. Von der starken Bauchmuskulatur. Aber noch mehr von diesem lauten Organ. „Jetzt müsste ich eigentlich einen Hörtest machen", sagt sie und klingt gar nicht genervt. Im Gegenteil. „Ein tolles Kerlchen haben Sie da", sagt sie zur Verabschiedung. Auch die Mama ist nach einer halben Stunde Dauergebrüll überhaupt nicht genervt. Wie macht sie das nur?

Es ist noch Suppe da: Die Mama stillt die Bedürfnisse von allen Jungs der Familie.

Der Große: U 7a, Vorsorgeuntersuchung:

Hannes freute sich darauf zu zeigen, was er inzwischen so alles draufhat. Theoretisch jedenfalls. Und bevor er seine Hose ausziehen musste, um sich wiegen zu lassen. Jetzt sitzt er im Untersuchungszimmer und hat überhaupt keine Lust mehr. Was die Kinder da im Buch machen, will die Kinderärztin wissen. Von Hannes kommt nichts. Dass er den Fußball zu ihr zurückschießt, will die Kinderärztin. Hannes will das nicht. Kein Wort, keine Aktion.

Die Kinderärztin versteht die Situation, lässt uns mit Hannes alleine und versteckt sich im Nebenzimmer. Kaum ist sie aus der Tür, meldet sich Hannes. „Können wir den Fußball mit nach Hause nehmen?", fragt er. Hat die Kinderärztin hoffentlich noch gehört. Wir lenken seine Aufmerksamkeit wieder auf das Buch, aber Hannes beschäftigt etwas anderes: „Wer ist da hinter der Tür?", will er wissen. Der ertappten Kinderärztin reicht das wohl. „Kognitiv schon sehr weit", schreibt sie ins Untersuchungsheft, obwohl Hannes von den eigentlichen Aufgaben fast keine erfüllt hat. Ich würde ihn gerne noch dazu antreiben, zu hüpfen, zu sprechen und zu singen. Macht er doch alles so toll. Aber die Mama bremst mich und bleibt ganz gelassen. Wie macht sie das nur?

Der Papa: Keine Untersuchung:

Dabei sollte ich vielleicht besser zum Arzt. Mich hat es umgehauen. Der Hals schmerzt. Mir geht es wirklich nicht gut. Badewanne statt Büro. Meine Frau schickt mir einen Spruch aufs Handy: „Während einer Geburt hat eine Frau so starke Schmerzen, dass es ihr beinahe möglich ist, die Schmerzen nachzuempfinden, die ein Mann bei einer Erkältung hat." Sehr witzig. Ich will mich schon bei ihr beschweren, da strömt der Duft von frischer Hühnersuppe in meine Nase. Hat sie mal eben für mich gekocht. Mit dem schlafenden Michel auf dem Arm. Wie macht sie das nur?

Durch die Nacht mit Dino, Milch und Planierraupe

Hannes, 3 Jahre, Michel, 2 Monate

Wenn ich von einer schon ziemlich großen Hand geweckt werde, die an meinem Kinn nestelt, weiß ich genau, mit welcher Frage ich gleich begrüßt werde. Die Hand gehört Hannes. Und sie soll mit dem Kinn-Test herausfinden, wer da noch mit ihm im Bett liegt. Aha, Bartstoppeln! „Bist du das, Papa?", fragt Hannes, als wäre das jeden Morgen aufs Neue eine Überraschung.

Ja, Papa ist das. Hat mal wieder geschlafen wie ein Murmeltier. Und täglich grüßt das Murmeltier Hannes nun zurück. Seit Michel bei uns eingezogen ist, lebe ich nachts in einer Art Männer-WG mit Hannes im Kinderzimmer, während Michel mit der Mama im Schlafzimmer nächtigt – und ihr das Schlafen weitgehend abgewöhnt hat.

Ich kann mich also nicht beschweren, zumal wir inzwischen wirklich ein eingespieltes Team sind. Da sitzt jedes Ritual. Zähne putzen, Mama und Michel „Gute Nacht" sagen und noch eine Janosch-Geschichte. „Und jetzt schlaf schön, Hannes! Wovon träumst du heute?" – „Von der Kirmes", sagt Hannes und träumt natürlich nicht von der Kirmes. Das weiß ich, weil er sich mindestens einmal in der Nacht mitteilt.

„Das ist nicht dein Stethoskop", heißt es da um 2.34 Uhr. Und ich stehe vor der Frage: Reicht es, ihn nur in den Arm zu nehmen und „Alles ist gut" zu flüstern? Oder gehe ich auf den Satz ein, laufe dabei aber Gefahr, dass er richtig wach wird? In diesem Fall reichte ein „Alles ist gut, du kannst das Stethoskop haben", um Hannes wieder in seine Arztpraxis der Träume zu befördern.

In einem anderen Fall glaubte Hannes um 3.19 Uhr, ein Geräusch von der weit entfernten Hauptstraße gehört zu haben. „Alles ist gut", flüsterte ich, nahm ihn in den Arm und schob fatalerweise noch einen Satz hinterher. „Das war bestimmt nur ein Laster."

„Oder ein Traktor", meinte Hannes um 3.20 Uhr. „Vielleicht auch eine Planierraupe", konnte er sich um 3.25 Uhr vorstellen. Nicht ausschließen wollte er um 3.28 Uhr eventuell auch einen Zeppelin. Wir einigten uns gegen 3.35 Uhr auf eine Rakete.

Keine Diskussionen kommen allerdings auf, wenn Hannes nachts Durst bekommt. Papas Wasser reicht ihm nicht. Nie. „Ich will Milch", stellt er um 4.41 Uhr unmissverständlich klar und lässt seinen müden Papa lostrotten. Zum Kühlschrank, in dem immer Licht brennt. So wie im Schlafzimmer, aus dem ich im vorbeigehenden Halbschlaf einen munteren Michel wahrnehme.

Ich kann mich also wirklich nicht beschweren über unsere Männer-WG, zumal auch ich manchmal für nächtliche Unterbrechungen sorge. Plötzlich schwebte da neulich etwas über mir an der Decke des Kinderzimmers, was ich nicht zuordnen konnte. Ich zuckte zusammen und richtete mich auf. Ein Zeppelin? Oder doch eine Rakete? Nein, es war der Luftballon-Dino, den Hannes von der Tante zum Geburtstag geschenkt bekommen hatte. „Alles ist gut, Papa", vernahm ich einen furchtlosen Hannes.

Am nächsten Morgen ist ohnehin alles immer gut, wenn die beiden Murmeltiere aus der Männer-WG Mama und Michel im Schlafzimmer begrüßen. „Wie habt ihr geschlafen?", will die Mama von Hannes wissen. „Gut." – „Und wovon hast du geträumt?" Da muss Hannes nicht lange überlegen: „Von der Kirmes."

Denn böse Menschen
haben keine Lieder

Hannes, 3 Jahre, Michel, 4 Monate

Da muss wohl was dran sein. „Du kannst Stille nicht ertragen", urteilt meine Frau in regelmäßigen Abständen. „Musst du eigentlich immer irgendwas singen?", fragte mein bester Freund schon vor Jahren im gemeinsamen Mallorca-Urlaub. „Du hast als Kind jedes Mal Peter-Alexander-Lieder gesungen, wenn ich deine Haare geföhnt hab", erzählt meine Mutter immer wieder gerne.

Warum ich ständig singe? Ich habe keine Ahnung. Vielleicht, weil ich einen an der Waffel habe, wie ein Kollege mutmaßte, der sich meine Darbietungen schon im Frühdienst anhören muss. Dann, wenn es im Büro eigentlich noch ruhig sein könnte.

Was mich freut: Nicht nur unter den Kollegen habe ich inzwischen ein paar Mitstreiter gefunden, die manchmal mitsingen, sondern auch zu Hause kann ich auf musikalischen Nachwuchs bauen. Hannes trällert schon fast so viel wie ich. Und Michel ist unser größter Fan.

Fast jeden Tag bringt Hannes ein neues Lied aus dem Kindergarten mit. Noch nicht 100-prozentig textsicher trägt er es erst schüchtern vor und wartet ab, bis Mama und Papa mit einstimmen. Dann schmettert er es zu allen Gelegenheiten. „Eine Muh, eine Mäh, eine Täterätä", drang es neulich sehr früh morgens an mein linkes, noch schlafendes Ohr. „Eine Tute, eine Rute. Eine Hop, hop, hop, hop. Eine Dideldadeldum", brachte Hannes weiter zu Gehör, und damit meinen Kreislauf allmählich in Schwung. „Das ist mein Sohn!", dachte ich besorgt und stolz, „Eine Wau, wau, wau", fuhr er fort und setze an zum finalen: „Ratadschingderwasserbum." Ich korrigierte: „Ratadschingderattabum." In ein paar Jahren helf ich ihm vermutlich beim Jodel-Diplom. Holleri du dödel di!

Kindern ist es irgendwie total egal, ob es Sinn macht, was sie da singen. Sie hauen es einfach raus. So wie ich, wenn ich englische Songs nicht komplett verstehe. Ich versuche Hannes allerdings schon zu erklären, worum es in den Liedern geht. So weiß er inzwischen, dass der Müller, dessen Lust das Wandern ist, nicht Herr Müller aus der Werkstatt ist, der unsere Räder gewechselt hat. Und wo und warum die Wälder noch rauschen, ist ihm auch bekannt.

Michel ist der Text noch nicht wichtig. Er ist einfach nur glücklich, wenn man ihm in die Augen schaut und etwas vorsingt. Eine kleine Vorliebe für Schlager meine ich aber schon entdeckt zu haben. Das nutze ich aus. Wie in einem Musical singe ich mich für ihn durch den Alltag und verhunze dabei alte und neue Schlager.

Michel hat gemacht? „Eine neue Windel ist wie ein neues Leben", schmettere ich ihm entgegen – und er schenkt mir spätestens beim „Nananananana" sein schönstes Lächeln. Michel streckt sich vergeblich nach etwas und beginnt zu meckern? Tja, mein Junge: „Die süßesten Früchte fressen nur die großen Kinder." Und schon lächelt Michel wieder. Bei einem Peter-Alexander-Lied. Das ist mein Sohn!

Am meisten Spaß macht es aber, wenn alle zusammen musizieren. Wenn die Mama ihr Akkordeon herauskramt, das sie in der gleichen Musikschule wie der Papa erlernt hat, und wir mit unseren Söhnen die Lieder singen, die wir früher zusammen mit den Omis und Opis in dem Altenheim gesungen haben, in dem wir uns als Betreuer kennen- und lieben gelernt haben. Hat ein bisschen was von Kelly Family. Vielleicht setze ich sie auch alle eines Tages in einen Bus, und wir gehen auf Tour. Vielleicht hat mein Kollege aber auch recht und ich habe einfach wirklich einen an der Waffel.

Einmal um die Welt – oder nur um den Block

Hannes, 3 Jahre, Michel, 4 Monate

Wenn ich quatschig werde, schickt mich meine Frau raus. Wetter egal. Dann muss ich an die frische Luft. Eine kurze Runde um den Block reicht mir, um wieder ausgeglichen zu sein.

Michel ergeht es ähnlich. Wenn er quatschig wird, muss auch er einfach mal raus und was anderes sehen. Wobei er in seinem Tragetuch nicht wirklich etwas sieht, sondern meistens schnell die Augen zumacht und wegschlummert.

Michel ist ein Phänomen: Er kann die Erde drehen.

Noch lieber als um den Block reist er aber mit mir um die Welt. Genauer gesagt um meinen alten Globus, der in Hannes' Zimmer steht. Der ist so schön bunt, leuchtet und lässt sich drehen. „Du, bist ein Phänomen. Du, kannst die Erde drehen." Hab ich schon mal erwähnt, dass ich zu Hause viel singe?

Michels Interesse am Globus hat ihn auch für Hannes wieder interessanter gemacht. Regelmäßig reisen wir abends einmal um die Welt und bleiben, wo es ihm gefällt. Gestartet wird zu Hause. „Da wohnen wir", sagt Hannes und fährt mit seinem Finger auf Budapest. „Fast", sage ich und schiebe den Finger zwei Zentimeter nordwestlich auf Düsseldorf. „Ungefähr da."

Ob er weiß, wo Zeliha und Abdullah, seine geliebten Nachbarn von oben, früher gelebt haben, frage ich ihn. Klar, weiß er das. Sein Finger zeigt auf Bangkok, ich schiebe ihn in Richtung Türkei. Natürlich möchte Hannes jetzt auch wissen, wo seine Omas und Opas wohnen. Und wo die Tanten und Kindergartenfreunde herkommen. Leider bleiben unsere Finger auf „ungefähr Düsseldorf" hängen.

Uroma Gerdi fällt mir noch ein, die kam aus Pommern, und ich kann unsere Finger zumindest Richtung polnische Grenze schieben. „Aber jetzt wohnt sie im Himmel." – „Also hier?", fragt Hannes und zeigt auf den Atlantischen Ozean. „Nein, das ist doch das Meer", erkläre ich ihm, aber Hannes lässt sich nicht überzeugen. „Das Blaue ist der Himmel!"

Bevor die schöne Stimmung noch kippt, lenke ich ihn ab mit Italien („Guck mal, sieht aus wie ein Stiefel.") und Honolulu (Guck mal, wie klein die Inseln da im – ähm – Himmel sind."). Dann zeige ich ihm Kanada. Denn da wird seine Lieblingsserie „Paw Patrol" produziert. „Da irgendwo muss Adventure Bay liegen." Jetzt will er allerdings auch wissen, wo die Wache von Feuerwehrmann Sam steht. „Wo liegt Pontypandy?", fragt er und erwischt mich auf dem falschen Fuß. „Hier an der Küste", sage ich ihm. „Da sind Mama und Papa auf dem Weg zum Nordkap mit dem Schiff vorbeigekommen." Und bevor er nachfragen kann, zeige ich ihm noch den Nordpol. „Da leben die Pinguine." Der Protest aus dem Wohnzimmer lässt nicht lange auf sich warten. „Die leben am Südpol, am Nordpol leben die Eisbären", mischt sich die Mama völlig zu Recht ein.

Michel hat währenddessen schon längst wieder seine Augen zugemacht und sich in seine Traumwelt zurückgezogen. Ich drehe noch eine Runde um den Block, nachdem ich Hannes ins Bett gebracht habe. Wenn ich ihm das nächste Mal die Welt erkläre, bin ich besser vorbereitet, denke ich und schaue nach oben. In den Atlantischen Ozean mit seinen vielen Sternen.

Also lassen wir seinen Baum noch ein bisschen stehen

Hannes, 3 Jahre, Michel, 5 Monate

Sein Freund, der Baum, ist tot. Da gibt es eigentlich keine zwei Meinungen. Aber ihn deshalb aus dem Kinderzimmer entfernen? Nein, das lässt Hannes nicht zu. „Er hat gesagt, er möchte noch nicht weg", berichtet Hannes, nachdem ich eine weitere Ladung Nadeln aufgefegt habe.

Also bleibt er auch in der siebten Woche stehen, der kleine Weihnachtsbaum, auf den Hannes so stolz ist. Immer noch. „Aber bald hat er gar keine Nadeln mehr", versuchen wir ihn von einem Abschied zu überzeugen. Ohne Erfolg. Kahl ist ihm egal. Unser Sohn hängt nicht an der Nadel.

Sein Freund, der Baum, war nach sieben Wochen tot.

Der große Baum, der im Wohnzimmer stand, wurde längst abgeholt und entsorgt. Hannes' Exemplar wird wohl auch Mariä Lichtmess, in traditionsbewussten christlichen Familien der Zeitpunkt, ihren Weihnachtsbaum zu entsorgen, locker überleben. Nur eben tot.

O Tannenbaum, o Tannenbaum, dein Kleid will uns was lehren. Beständigkeit gibt Hannes Kraft zu jeder Zeit. Oder anders: Hannes ist zwar ein neugieriger Kerl und immer offen für Neues, er hängt aber auch an Gewohntem und braucht nicht ständig Veränderung.

Der rote Elektro-Mini für Kinder, den er von uns zu Weihnachten bekommen hatte, fristete in den ersten Wochen ein eher einsames Dasein. Stattdessen erfuhr das rote Bobbycar mit dem von der Mama selbst gebastelten Chassis samt Blaulicht aus Pappkarton eine unerwartete Renaissance.

Längst aussortierte Spielsachen werden auf einmal vermisst. „Wo sind die anderen Würstchen?", fragt Hannes plötzlich, als er in seiner Spielküche hantiert. Zwei von vier Plastik-Würstchen hatten wir vor Monaten unauffällig verschwinden lassen, um Platz zu schaffen.

Entsprechend groß war die Freude in dieser Woche, als Hannes die blaue Kiste entdeckte, in der wir die aussortierten Spielsachen verstaut hatten. Bis Michel eines Tages damit spielt. Dachten wir. Jetzt spielte erst einmal Hannes damit. Denn da fanden sich nicht nur die zwei Würstchen und andere Nahrungsmittel aus Plastik wieder, sondern auch die Holzeisenbahn, Bauklötze und Puzzles mit drei Teilen. Was für ein aufregender Nachmittag!

Auch beim Thema Kleidung freundet sich Hannes meist nur langsam mit Neuem an. „Ich will die anderen Stiefel", sagt er, lässt die neuen stehen und quetscht sich noch so eben in die alten. Ich will ihn umstimmen. „Wirkt nicht sehr überzeugend", findet die Mama und schaut an mir runter. Auf meine löchrigen, ausgebeulten und verfranzten Hausschuhe, die ich eigentlich nur noch im Garten tragen wollte. Beim Optiker habe ich mir neulich keine neue Brille, sondern nur neue Gläser für mein altes Gestell gekauft, während meine Frau für ihre neue Brille deutlich weniger bezahlt hat.

Ja, es stimmt wohl. Ich bin nicht anders als mein Erstgeborener. Als meine Mutter berichtete, dass sie mein altes Kinderzimmer – heute das Spielzimmer für die Enkel – entrümpelt hat, hat mich das getroffen. „Wir haben auch neue Kisten für die ganzen Spielsachen gekauft", erzählte sie mir. Was nichts anderes bedeutet, als dass die alte Kiste mit den Fußball-Panini-Bildern der 80er-Jahre Geschichte ist. „Kannst du doch nicht machen", beschwerte ich mich. „Die Kiste hat gesagt, sie möchte noch nicht weg."

Und am Ende ist es immer fünf vor neun

Hannes, 3 Jahre, Michel, 6 Monate

Ich schaue in den Rückspiegel und bin zufrieden: Seine Haare sitzen, die Nutella-Reste sind aus den Mundwinkeln verschwunden und die farbliche Zusammenstellung seiner Kleidung ist für mein Empfinden harmonisch. Ja, ich finde, so kann ich Hannes in den Kindergarten bringen. Als ich den Wagen parke, fällt mein Blick auf mich selbst: Meine Haare sind zerzaust, ich bin unrasiert und ich trage noch das Oberteil meines Schlafanzugs. Nein, ich finde, so kann ich Hannes eigentlich nicht in den Kindergarten bringen.

Aus der Not heraus greife ich zur Wintermütze, die noch im Auto liegt. Meine viel zu warme Jacke ziehe ich bis zum Anschlag hoch.

So sind die größten Peinlichkeiten wenigstens verdeckt. Wobei sich die Frage stellt, ob es nicht mindestens genauso peinlich ist, seinen Sohn mit dicker Mütze auf dem Kopf abzuliefern, während alle anderen von den ersten Frühlingsgefühlen übermannt werden. Seit einer Woche befinde ich mich wieder in Elternzeit. Das heißt, ich bin Teil der morgendlichen Fertig-machen-für-den-Kindergarten-Routine. Spätestens jetzt verstehe ich den Spruch, den mir meine Frau schon vor Wochen aufs Handy schickte: „Eine Sache, die du über das Leben mit zwei Kindern wissen solltest: Wenn du um 9 Uhr morgens irgendwo sein musst, musst du drei Tage vorher starten."

Jeder Morgen ist ein Rennen gegen die Zeit. Und das nicht einmal, weil Hannes nicht kooperieren würde. Es gibt einfach so viele von mir unberechenbare Zeitfresser, dass ich in Stress gerate.

Zwischen 7 und 7.30 Uhr wird Hannes meistens wach. Dann wird erst einmal gespielt. Ich mittendrin. Bis 8 Uhr haben wir schon mehrere Brände gelöscht, Katzen vom Baum gerettet und Raser geschnappt.

Zeit fürs Frühstück. Von „Ich will nur Milch" bis „Noch ein Brot, bitte" ist alles möglich. Hinterher stelle ich jedenfalls fest, dass wir gut in der Zeit sind. Oder dass wir uns JETZT ABER WIRKLICH BEEILEN müssen, Hannes!

Zurück geht es ins Kinderzimmer, in dem die Spielsachen kreuz und quer liegen und das Bett natürlich noch nicht gemacht ist. Zum Glück kann ich das gut ausblenden. Konzentration aufs Wesentliche ist jetzt gefragt. Und Motivation. „Los jetzt, Hannes! Wir wollen doch vor Jonathan und Max im Kindergarten sein!" Zähne putzen, Pipi machen, Gesicht waschen, Haare kämmen – mal läuft das eine besser, mal das andere schlechter. „Welches Sweatshirt möchtest du anziehen, Hannes?" – „Ähm, das mit Feuerwehrmann Sam. Nein, Benjamin Blümchen. Nein, Paw Patrol."

Wenn er dann irgendwann sogar Schuhe und Jacke anhat und im Auto sitzt, fällt ihm natürlich noch etwas ein. „Kann ich meinen Drachen mitnehmen?" – „Ja, klar, hol ich noch schnell. ABER DANN MÜSSEN WIR WIRKLICH LOS!" Denn es ist natürlich schon fünf vor neun. Jeden Morgen. Egal, wie gut wir mal in der Zeit waren. Und obwohl sich die Mama während all der Zeit nicht nur um Michel, sondern auch um Hannes gekümmert hat. Wie macht sie das nur alleine mit zwei Jungs? Beste Frau!

Als ich vom Kindergarten wieder nach Hause fahre, atme ich durch. Geschafft! Im Rückspiegel sehe ich noch Max an der Hand seiner Mama zum Kindergarten laufen. Sie müssen sich beeilen. Denn Hannes ist längst da.

Was James Bond und ich gemeinsam haben

Hannes, 3 Jahre, Michel, 6 Monate

Wenn ich mit Michel einkaufen oder spazieren gehe, muss ich mir fast immer Kommentare anhören. In Städten wie Berlin oder Hamburg mag sich vielleicht niemand mehr umgucken, wenn ein Mann sein Baby trägt und nicht im Kinderwagen schiebt. Im Bergischen Land scheinen Tragesysteme für Babys für viele aber noch etwas Exotisches zu sein.

Manche Menschen sind besorgt und wenden sich an mich: „Kriecht der in dem Dingen denn auch genuch Luft?" –„Na klar." – „Ist dat bequem für den kleinen Kerl?" –„Isset!" – „Kann der da nicht rausfallen?" – „Nä." Es gibt aber auch die direkte Ansprache an Michel, bei der ich gar nicht antworten muss: „Du bist aber 'n nettet Kerlchen." „Ist gemütlich da beim Papa, woll?" „Wat die Augen da rausgucken. Herrlich." Da freut sich das Papa-Herz. Und dann sind da noch die Paare, die über uns sprechen und denken, ich höre sie nicht. Da fallen dann Sätze wie: „Kumma Klaus, dat is jetzt modern, sein Baby nicht mehr im Kinderwagen zu schieben, sondern so eng am Körper zu tragen."

Mit Verlaub, das ist natürlich Quatsch. Die erste Fabrik für Kinderwagen wurde erst 1840 in England gegründet. Bis dahin muss es die Menschheit auch irgendwie geschafft haben, den Nachwuchs, der sich noch nicht selbstständig auf zwei Beinen fortbewegen konnte, zu transportieren. Der Mensch wird als Tragling geboren. Es ist sogar wissenschaftlich belegt, dass viel körperliche Nähe das Urvertrauen stärkt, aus dem das Selbstvertrauen wächst.

Papa mit Michel im Bondolino: Sieht ausnahmsweise mal ganz cool aus.

Das alles klingt jetzt so, als wäre ich schon immer ein überzeugter Träger gewesen. Stimmt nicht. Als meine Frau mich vor Hannes' Geburt in die Welt der verschiedenen Tragesysteme von Bondolino bis Manduca einführte, war ich eher ein Bedenkenträger. Und das änderte sich auch erst allmählich.

Anfangs hatte ich Schiss, Hannes zu zerquetschen und stellte Fragen wie: „Kriecht der in dem Dingen denn auch genuch Luft?" Bei den ersten Trageversuchen sagte ich meiner Frau klipp und klar: „Ich trage Hannes, du trägst die Verantwortung." Als Hebamme ist sie zum Glück vom Fach und erkennt ein falsch sitzendes Kind sofort. Haltungsschäden hat Hannes jedenfalls keine davongetragen. Im Gegenteil: Sein Rücken kann entzücken.

Spätestens seit Michel auf der Welt ist, schätze ich die Babytrage umso mehr. Zwei freie Hände können mit zwei Kindern Gold wert sein.

Wenn nur das Anlegen nicht so kompliziert wäre. Dieses ganze Gezuppel an den Schnüren macht mich fertig. Jedes Mal. Immer noch. Ich stelle mich blöder an als ein Vierjähriger, der im Kindergarten zum ersten Mal eine Schleife binden soll. Die Hebamme im Haus muss helfen. Jedes Mal. Immer noch.

Ob James Bond auch solche Probleme hat? 007-Darsteller Daniel Craig löste kürzlich eine Riesendebatte über Männlichkeit aus, als ein Foto von ihm auftauchte, auf dem er sein Baby in einer Babytrage trug.

Die Reaktionen reichten von „Entmannter Bond" bis zu „Moderne männliche Ikone". Ich bin also nicht der Einzige, der sich Kommentare anhören muss. Solange ich weiß, dass Michel sich in der Trage wohlfühlt, ertrage ich sie gerne.

Das große Krabbeln: Michel zündet den Turbo

Hannes, 3 Jahre, Michel, 7 Monate

Und wieder hat er einen großen Schritt nach vorne gemacht. Zumindest im übertragenen Sinne. Michel krabbelt seit dieser Woche. Kreuz und quer durch die ganze Wohnung. Auf Teppich. Auf Laminat. Auf und davon. Das ist schon ziemlich süß. Und entwicklungspsychologisch eine echt tolle Sache. Denn Krabbeln ist nicht nur entscheidend für die Grundmotorik und die Kraft, sondern trainiert auch den gleichzeitigen Einsatz der rechten und der linken Gehirnhälfte. Das ist später unter anderem für das Lesen- und Schreibenlernen ganz hilfreich.

So weit denkt Michel wahrscheinlich noch nicht. Er freut sich einfach darüber, dass er nun endlich Gegenstände erkunden kann, die vor ein paar Tagen noch unerreichbar schienen. Und Mama und Papa freuen sich darüber, dass Michel sich nun auch mal für längere Zeit alleine beschäftigen kann.

Dafür musste die Wohnung allerdings erst krabbelsicher gemacht werden. Sämtliche Gefahrenherde wurden von der Mama eliminiert. In der unteren Schublade am Fernsehschrank befinden sich zum Beispiel plötzlich Tücher, Fühlbücher und Bälle statt – äh, was war da eigentlich vorher drin?

In der mittleren Schublade lag das Fernglas und wurde durch Lätzchen, Untersetzer und Tischdecken ersetzt. Rechts daneben sind die Sektgläser gelagert – noch. Das weiß ich jetzt wieder. Hat mir Michel gezeigt. Denn: „Die untere Schublade interessiert ihn jetzt natürlich nicht mehr", seufzt die Mama. Wie ich das finde? Unterste Schublade!

Auch Hannes' Zimmer, in dem Michel gerne die „Große-Jungs-Sachen" erforscht, musste umgeräumt werden. Die kuscheligen Stofftiere wohnen jetzt im Parterre. Das Hämmerchen-Spiel thront dafür ganz oben. „Damit er wenigstens keine Nägel isst", behält die Mama das Wesentliche im Blick.

Nicht nur von den Gegenständen, auch von Michel selbst geht eine Gefahr aus. Weil er auf einmal die Fähigkeit hat, um Ecken zu krabbeln und damit von sich aus aus unserem Blickfeld zu verschwinden. Türen aufzureißen sollten wir ab sofort vermeiden. Hinter jeder Tür könnte er sitzen.

Und Hannes? Nervt es ihn nicht, dass Michel in seinem Zimmer jetzt noch mehr für Chaos sorgt? Doch. Aber irgendwie ist sein Respekt vor Michel auch gestiegen. Er traut seinem kleinen Bruder mehr zu. Als wir gestern Feuerwehr spielten, drückte er Michel zum ersten Mal sein geliebtes Feuerwehrauto in die Hand und gab ihm eine klare Anweisung: „Du fährst vor!" Michel strahlte über das ganze Gesicht und vergaß vor lauter Überraschung, loszukrabbeln. Aber auch das wird kommen. Im nächsten Schritt ...

Beim Zahnarzt: Warum gab es früher keinen Herrn Müller?

Hannes, 3 Jahre, Michel, 9 Monate

Mit Sonnenbrille auf der Nase, Rucksack auf dem Rücken und richtig guter Laune steht Hannes im Flur. „Können wir jetzt endlich los?", macht er Druck auf den Rest der Familie – und ich kann es nicht glauben. Denn wir wollen nicht ins Freibad oder auf den Spielplatz, wir müssen mit Hannes zum Zahnarzt.

Bis jetzt hat er immer die Zähne zusammengebissen. Oder anders: Er hat seinen Mund noch nicht für Fremde geöffnet. Weder für Mamas mittlerweile pensionierten Zahnarzt (da war er auch noch klein) noch für den Zahnarzt, der im Kindergarten vorbeischaute (da war er auch noch etwas schüchtern).

Diesmal aber stehen die Vorzeichen anders. Die Mama hat Hannes vom Besuch in einer Praxis regelrecht vorgeschwärmt. So sehr, dass selbst ich fast Bock gehabt hätte, mich auf den Stuhl zu legen und meine latente Zahnarztphobie zu bekämpfen.

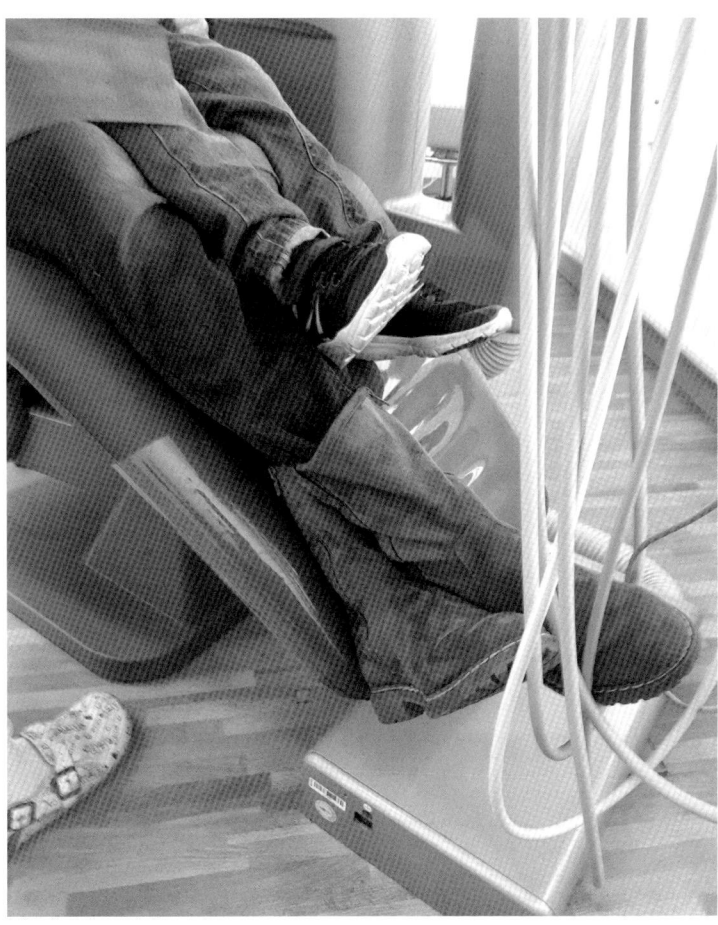

Die Mama und Hannes – gemeinsam auf dem Behandlungsstuhl.

Der typische Geruch von Desinfektion, das bedrohliche Zahnarztbesteck, das grelle Licht – als wir im Behandlungszimmer angekommen sind, habe ich plötzlich überhaupt keinen Bock mehr, irgendwas zu bekämpfen. Hannes aber findet alles furchtbar interessant. „Was ist das da?", fragt er mich und zeigt auf den Bohrer. „Eine Gerät aus der Hölle", verkneife ich mir und lasse die Mama antworten, auf deren Schoß Hannes sitzt.

Dann betritt der für uns alle noch unbekannte Zahnarzt den Raum. Hoffentlich trifft er den richtigen Ton. Gute Stimmung hängt bei Hannes nämlich oft am zahnseidenen Faden. Die Sorge ist unbegründet. Herr Müller ist nett. Minutenlang begutachtet er das Bild, das Hannes extra für ihn gemalt hat, und findet Hannes' Sonnenbrille richtig cool. „Lass die ruhig auf, dann blendet die Lampe nicht so", empfiehlt er ihm.

Geschickt bringt er irgendwann seine Werkzeuge ins Spiel, mit denen er sich nun die Zähne anschauen möchte. „Guck mal, was ich damit machen kann", zeigt er Hannes eine Art Hochdruckreiniger und spritzt den Papa ordentlich nass. Michel, der das Treiben auf meinem Arm bislang eher teilnahmslos verfolgt hat, lächelt. Hannes ist sowieso begeistert öffnet ganz selbstverständlich seinen Mund. Als „Schlürfi, der Speichelsauger" ins Spiel kommt, lacht er sich so richtig kaputt. Beim Zahnarzt! Während der Behandlung!

Ich muss an meine früheren Zahnarztbesuche bei der doofen Zahnärztin mit dem doofen Doppelnamen denken. Warum gab es damals noch keinen Herrn Müller?

Mit Hannes' Zähnen ist alles in Ordnung. Kein Karies. Schön sauber. Hannes darf den Behandlungsstuhl verlassen, jetzt ist Mama dran. Vorher aber kramt Hannes noch seine Dinofiguren aus dem Rucksack. Geduldig untersucht der nette Zahnarzt auch die Zähne von Tyrannosaurus rex. Nur mit dem Geschenk, das wir ihm vorher versprochen haben, wenn er gut mitmacht, kann ich Hannes aus dem Behandlungszimmer locken.

Während Mama noch untersucht wird, sucht sich Hannes im Laden gegenüber eine Badehose von Feuerwehrmann Sam aus. Und einen Lutscher will er an der Kasse noch. Genehmigt. Er will ja sowieso schon bald wieder zu Herrn Müller, sagt Hannes. Dann legt sich vielleicht auch Papa mal wieder auf den Stuhl.

Warum unser Sandkasten jetzt nach Thymian duftet

Hannes, 3 Jahre, Michel, 9 Monate

Herrlich, so eine Woche Urlaub. Auch in der Heimat. Erdbeeren selbst pflücken, Spaghetti-Eis essen am Stausee, Knochen ausgraben im Neanderthal Museum – Spaß inklusive statt All inclusive.

Für Hannes allerdings war kein Ausflug der Höhepunkt in Papas Urlaubswoche. „Am schönsten fand ich, dass wir so viel im Garten gespielt haben", lautete sein zufriedenes Fazit. Tatsächlich hat sich unser Lebensmittelpunkt nach draußen verlagert. Noch mehr, seitdem dort der neue Sandkasten steht. Ein tolles Teil in Form eines Piratenschiffs.

Kapitän Hannes Sparrow sticht mit großer Geste in See, Lieutenant Michel macht ihm das Kommando streitig. Denn auch der kleine Bruder fühlt sich im Sand wie zu Hause und weiß um sein Territorium zu kämpfen. Da kommt es schon mal zu der einen oder anderen Piratenschlacht. Mit Sand in den Augen. Und Tränen.

Im Kampf gegen gemeinsame Feinde ziehen die Brüder aber an einem Strang. Über Nacht hatten Ameisen den Sandkasten unterwandert. Statt chemischer Keule griffen wir zu allen Hausmitteln, die uns Google ausspuckte. Bauten Umleitungen, wässerten den Sand regelmäßig und gossen Pfefferminztee drüber. Dazu mischten wir Thymian unter. Hannes und Michel machte das Spaß – Papa und Mama auch. Während die Ameisen empfindlich auf den Geruch reagierten und sich verzogen, genossen wir den Duft. Urlaub in „Bad Meingarten" mit mediterraner Note.

In der Matschecke matscht es sich am schönsten: Auch Michel ist hier voll in seinem Element.

Die Gebrüder Freudenberg fühlen sich aber auch außerhalb ihres Piratenschiffs wohl im Garten. Michel reicht es oft, einfach nur auf der Wiese zu sitzen und mit seinen Fingern die bergische Flora zu erkunden. Manchmal spielt er das alte Gänseblümchen-Spiel – in leicht abgewandelter Form: „Das ess ich, das ess ich nicht." Ganz alleine kann man ihn noch nicht gewähren lassen.

Das ist bei Hannes anders. Die Mama hat ihm eine Matschecke eingerichtet. Mit Eimern, Gießkannen, Steinen, Ästen und allen möglichen Gartenhelfern. Hier kann er machen, was er will. Und macht das auch. Uroma Ilse, die bis ins hohe Alter noch am liebsten „im Dreck wühlte", hätte ihren Spaß gehabt. Bestimmt auch an der Hühnersuppe, die Hannes schon vor Tagen in der Küche seiner Matschecke angesetzt hat. Und alle dürfen die braune Suppe probieren.

Mehr Ordnung herrscht im Gewächshaus der Mitmieter, das wir neuerdings mitbenutzen dürfen. Hier kümmert sich Hannes verantwortungsbewusst um die Tomaten, Zucchini, Salate und Gurken. Richtig stolz ist er, dass auch die von ihm angebauten Radieschen schon nach kurzer Zeit in die Höhe schießen. Nun dürfte er mal probieren. Möchte er aber nicht. Denn: „Ich mach das hier doch nur für euch, Papa."

Darum landet Michel wahrscheinlich nie im Gefängnis

Hannes, 3 Jahre, Michel, 10 Monate

Am Donnerstagabend gab mir Hannes ziemlich unerwartet, aber bestimmt zu verstehen, ich möge doch bitte sein Zimmer verlassen: „Ich will alleine einschlafen, Papa!", sagte er, ich ging raus, er schlief ein, ich staunte. Gut, das wird jetzt sicher nicht jeden Abend so laufen. Aber trotzdem: Dieser 4. Juli war für Hannes ein ganz persönlicher Unabhängigkeitstag. Und für mich die Erkenntnis: Der Große wird langsam wirklich groß.

Das ist auch gut und richtig so. Richtig gut finde ich aber trotzdem, dass es da noch den Kleinen gibt. Der schmeißt mich morgens jedenfalls nicht aus seinem Zimmer, sondern ist traurig, wenn ich das Haus verlasse. Dann rudert er mit den Armen, will unbedingt noch mal auf meinen Arm und gibt Laute von sich, die eindeutig so etwas heißen wie: „Warum bleibst du nicht einfach hier, Papa?" Am Fenster zeigt er dann, wie toll er jetzt winken kann. Und ich muss zusehen, dass ich die fünf Minuten, die ich zurückwinke, auf der Strecke zur Arbeit irgendwie wieder aufhole.

Mein Verhältnis zu Michel ist in den letzten Wochen enger geworden. Es ist nicht so, dass es vorher schlecht war, aber ehrlicherweise muss ich zugeben, dass ich mit dem kleinen Hannes mehr Zeit verbracht habe als mit Michel. Das Schicksal eines Zweitgeborenen. Der große Bruder will eben auch Aufmerksamkeit.

Weil Hannes jetzt aber immer öfter mal alleine spielt, Freunde zu Besuch hat oder sich mit Mama zurückzieht, bleibt mehr Papa-Michel-Zeit. Die wird vor allem fürs Quatschmachen genutzt.

Dinge, die bei Hannes schon lange nicht mehr zünden, kommen bei Michel bestens an: Er lacht sich kaputt über die Töne, die beim Pusten in die Wasserflasche entstehen. Er fährt total gerne mit dem Popo übers Keyboard. Er liebt es, auf meinen Armen durch die Wohnung zu fliegen. Okay, das würde auch Hannes gerne noch. Er ist aber zu schwer geworden.

Auch immer wieder schön: „Wie groß ist der Michel? Sooo groooß ist der Michel!" Manch einen Klassiker spielt Michel nach seinen eigenen Regeln. Aus „Guten Tag, Herr Nasemann" ist eine verschärfte Version geworden, bei der Michel Papas Nase aufs Äußerste malträtiert.

In diesem Zusammenhang kommt mir wieder die Untersuchung eines amerikanischen Instituts, dessen Namen ich nicht fehlerfrei aussprechen kann, in den Sinn. Danach neigen Zweitgeborene eher zu Gewalt und haben eine bis zu 40 Prozent höhere Wahrscheinlichkeit als ihre älteren Geschwister, später im Gefängnis zu landen. Weil sie weniger Kuschelzeit mit den Eltern haben als die Erstgeborenen.

An fehlenden Kuscheleinheiten wird es sicher nicht liegen, sollte Michel einmal kriminell werden. Bei der Mama hat er sich in den ersten zehn Monaten schon jede Menge davon abgeholt; bei Papa holt er sie gerade nach. Tut beiden gut. Mir vielleicht noch mehr. Jetzt, da Hannes auch alleine einschlafen kann.

Deutsch-türkische Freundschaft

Hannes, 3 Jahre, Michel, 10 Monate

Zum dritten Mal an diesem Tag stapfte Hannes nach oben. Eine Etage höher. „Ich schenke Zeliha ein paar Gänseblümchen", teilte er uns mit. Erdbeermarmelade und Himbeeren hatte er der türkischen Nachbarin von oben heute schon geschenkt.

Natürlich haben wir ihn längst durchschaut. Wir sind ja nicht doof. Hannes aber auch nicht. Er weiß: Wenn er Zeliha etwas bringt, bekommt er auch immer etwas von ihr. Meist Süßes. Diesmal aber kehrte er nicht mit Gummibärchen oder Schokolade zurück, sondern mit einer Riesenportion Pommes und einem Stück Pizza. Sehr lecker. Stellten auch Mama und Papa fest.

Trotzdem: „Du kannst nicht so oft zu Zeliha gehen und jedes Mal etwas abstauben, Hannes!", maßregelte ich ihn. Insgeheim sehen meine Pläne allerdings vor, ihn künftig immer nach oben zu schicken, wenn es aus der Küche lecker duftet. Oder Michel.

Hannes hat in den zwei Jahren, in denen wir jetzt hier wohnen, aber nicht nur zu Zeliha eine enge Beziehung aufgebaut. Auch deren Mann Abdullah hat er fest in sein Herz geschlossen. Vor allem im Garten sind die beiden unzertrennlich. Mit „Ghettofaust" begrüßt man sich – und dann passiert immer etwas.

Abdullah mäht den Rasen – Hannes füllt das Gras in die Tonne.

Hannes holt seinen Bagger raus – Abdullah leitet die Baustelle.

Abdullah macht Pause – Hannes setzt sich neben ihn und beide nehmen einen ordentlichen Schluck aus der Pulle. Wie echte Männer das eben so machen.

Eine deutsch-türkische Freundschaft. Ohne Vorurteile. Was nicht heißt, dass Hannes nicht merkt, dass es Unterschiede gibt. Sie sind nur nicht wichtig für ihn und werden völlig wertfrei akzeptiert. Der türkische Akzent? Stört ihn nicht, er versteht ja alles. Zelihas Kopftuch? Gehört zu ihr. Ist halt immer auf ihrem Kopf. Wie bei Piraten. Und die sind cool. Abdullah isst kein Würstchen, weil da Schweinefleisch drin ist? Ist ihm doch Wurst. Hannes isst kein Brötchen, wenn Körner drauf sind.

Auch mit den Enkelkindern Elasu und Leyla, die oft bei Oma Zeliha und Opa Abdullah zu Besuch sind, verstehen

Auch Michel hat schon Kontakt zu Nachbarin Zeliha aufgenommen – und wird sicher auch mal ein enger Freund.

sich Hannes und Michel bestens. Sie teilen sich sogar ihren geliebten Sandkasten mit ihnen. Vier kleine Menschen auf engstem Raum. Völlig friedlich. „Die Welt gehört in Kinderhände", knödel ich in Gedanken einen alten Grönemeyer-Hit. „Kinder an die Macht!"

Letztens feierten unsere türkischen Freunde Geburtstag in unserem gemeinsamen Garten. Und wir durften dabei sein. Ich ließ mich nicht nur auf leidenschaftliche Diskussionen über den türkischen Vereinsfußball ein, sondern auch auf die wunderbaren türkischen Tischsitten. Ich aß einfach immer alles auf – und schon landete ungefragt die nächste Portion Lammfleisch, Weinblätter und Teigröllchen auf meinen Teller. Herrlich.

Bei Hannes endete hier allerdings seine kulturelle Offenheit. Er verschwand kurz in unserer Küche und kehrte mit einem Fleischwurst-Salami-Brot zurück. Wie ich Zeliha kenne, macht sie bei der nächsten Feier extra für ihn Pommes und Pizza.

Mein Name ist Hannes, ich kaufe hier ein

Hannes, 3 Jahre, Michel, 11 Monate

Wir haben den unschätzbaren Luxus, in unmittelbarer Nähe zu zwei Supermärkten zu wohnen. Großeinkäufe machen wir nur noch selten. Stattdessen geht es abends oft „mal eben schnell noch was holen". Bei der Mama zumindest. Wenn Papa und Hannes das kongeniale Einkaufsduo bilden, kann es schon mal länger dauern. Und gerne darf es auch etwas mehr sein, was am Ende im Einkaufswagen landet.

Wenn er nicht im Einkaufswagen sitzt, cruist Hannes auch selbst gerne durch die Gänge.

Zunächst einmal ist es aber Hannes, der im Einkaufswagen Platz nimmt und gleich zu Anfang von der recht übersichtlichen Einkaufsliste abweichen möchte. „Die Blumen nehmen wir für Mama mit", dabei zeigt er auf einen Strauß rote Rosen. Seit wir der Mama zum Muttertag Blumen geschenkt haben, will er die Tradition bei jedem Einkauf fortführen. „Wir bringen ihr lieber etwas Süßes mit", kann ich ihn umstimmen und greife ganz uneigennützig zu meiner Lieblingsschokoladensorte.

Hannes möchte Gummibärchen, ein Überraschungsei und Piratenkekse, muss sich aber entscheiden. „Eins davon darfst du dir aussuchen!", lautet der immer wieder gleich formulierte Kompromiss. Er entscheidet sich für die Kekse.

Wir sind beim Obst. Bei den Bananen kommt es Hannes auf die Länge an, weshalb sich das Auswahlverfahren in ebensolche zieht. Für Obst-Fan Michel entdeckt Hannes noch Himbeeren und Plattpfirsiche. „Da freut er sich." Für die Mama soll's eine Wassermelone sein. „Wir nehmen den dicksten Ömmel", schlägt Hannes vor. Nur 89 Cent pro Kilo – ist genehmigt. Mit 5,13 Euro ist der „dicke Ömmel" an der Kasse letztlich doch nicht so billig.

Über zwei Sorten Focaccia geht es in Richtung Frischetheke. Hannes' wichtigstes Anliegen: Käse mit Löchern zu finden. „Den hatten wir noch nie." Er findet einen. Und freut sich ein Loch in den Bauch. Genau wie über die teure Milch mit dem Bären drauf, die im Angebot ist.

„Jetzt haben wir für heute aber genug tolle Sachen gekauft", will ich Hannes gerade sagen, als ich bemerke, dass ich vergessen habe, die Eistheke zu umfahren. „Eins davon darfst du dir aussuchen!" Er entscheidet sich für den „Summer Mix" und will ihn mit seinen Freunden im Kindergarten teilen. „Ach, er ist ja schon süß", denke ich in der Schlange an der Kasse, während Hannes Raffaello in den Wagen schmuggelt.

Unauffällig tausche ich sie gegen Popcorn und Chips. Wie der Sohn, so der Vater. Zu Hause freut sich die Mama über die Mitbringsel, wundert sich aber auch über zwei volle Einkaufstüten. Beim nächsten Mal geht sie wohl wieder selbst mal eben schnell noch was holen.

Kein Sommer,
wie er früher einmal war

Hannes, 3 Jahre, Michel, 11 Monate

Sommer, Sonne, blauer Himmel: Normalerweise leide ich in den heißen Monaten des Jahres darunter, meine Zeit im Büro verbringen zu müssen. Im Moment leide ich aber unter der Hitze und freue mich aufs Büro. Denn dort lässt es sich am besten aushalten. Der Klimaanlage sei Dank. Und so staune ich, wenn ich von der Arbeit nach Hause komme. Über die 40 Grad, die mir auf einmal mit voller Wucht entgegenschlagen. Noch mehr aber über Hannes und Michel, denen die Hitze tagsüber scheinbar überhaupt nichts ausmacht.

Zwei Welten prallen da aufeinander: der abgeschlaffte Papa, der sich am liebsten zur Siesta in den kühlen Keller verziehen würde, auf der einen Seite. Hannes und Michel, die quietschfidel durch den Garten toben und mit ihrem Papa spielen möchten, auf der anderen Seite. Dreimal dürfen Sie raten, welche Seite sich durchsetzt ...

Also schleiche ich mich zunächst unbemerkt in die Wohnung, um mich wenigstens noch umzuziehen. Denn ich weiß, was mich erwartet, sobald ich den Garten betrete. Wuuusch! Wasser marsch! Wenn ich Glück habe, werde ich nur mit einer Wasserspritzpistole nass gemacht. Noch lieber nimmt Hannes den Gartenschlauch. Klingt eigentlich nach einer willkommenen Abkühlung. Fühlt sich aber an, als würde ich meinen Kopf in ein Babybecken stecken. Viel zu warm für eine Erfrischung.

Wenigstens fließt tagsüber so viel Wasser, dass das abendliche Gießen der Blumen und Bäume ausfallen kann. Wird gerade mal nicht gespritzt oder geplanscht, verziehen wir uns mit einem Eis in den Schatten, malen mit Kreide oder spielen Karten. Leider nur in meinem Kopf.

In der Realität toben die beiden Jungs lieber auf und an dem neuen Klettergerüst, fahren Blaulicht-Einsätze auf ihren Zwei-, Drei- oder Vierrädern und fordern mich heraus: „Du nimmst Michel und musst mich kriegen", weist Hannes mich an – und ich muss mich zum ersten Mal nicht anstrengen, gegen ihn zu verlieren.

Bei aller Anstrengung, die für die Mama tagsüber noch deutlich größer ist, ist es einfach schön, die beiden Jungs auch bei 40 Grad so glücklich zu sehen. Vitamin D und Serotonin leisten ganze Arbeit. Vor allem Michel strahlt mit der Sonne um die Wette. Ihn gibt es dank Planschbecken und Sandkasten nur noch in den Aggregatzuständen nass und paniert. Und meistens nackt. Wer schon einmal eine mit Wasser vollgesogene Windel hat platzen sehen, weiß warum.

Nachts können aber auch Hannes und Michel den Sommer nicht mehr so richtig genießen. Für einen erholsamen Schlaf ist es bei aller Müdigkeit einfach zu heiß. „Papa", teilte mir Hannes letzte Nacht auf einmal mit. „Ich mag Schnee lieber als Sonne." Bevor ich antworten konnte, schlief er wieder ein. Und träumte wahrscheinlich davon, wie er mich mit einem Schneeball begrüßt.

Gelungene Premiere: Hannes und Benjamin erobern die Kinoleinwand

Hannes, 3 Jahre, Michel, 11 Monate

Auf einmal war Hannes weggeratzt. Am späten Nachmittag. Was, wie alle Eltern wissen, zur Folge hat, dass der abendliche Fahrplan ordentlich durcheinandergewirbelt wird. Vor halb zehn würde er heute nicht die Augen schließen, so viel war klar. „Dann könnten wir uns ja eigentlich auch noch den Benjamin-Blümchen-Film im Kino ansehen", dachte ich ein wenig zu laut.

Eine Viertelstunde später sitzt Hannes mit Benjamin-Blümchen-T-Shirt, Benjamin-Stofftier und großer Vorfreude im Auto. Der erste Kinobesuch. Schon etwas Besonderes.

Als wir ankommen, zeigt sich Hannes von der Größe des Multiplex-Kinos nur kurz beeindruckt. Den Mann am Ticketschalter verwickelt er geschickt in ein längeres Gespräch über Benjamin Blümchen, bis ich dazwischengehe und zwei Karten für „König der Löwen" bestelle. „Das war doch nur ein Witz, oder Papa?", durchschaut mich Hannes mal wieder.

Nicht fehlen darf beim ersten Kinobesuch eine ordentliche Portion Popcorn. Also reihen wir uns in die lange Schlange ein. Knapp zehn Euro verlangt die Verkäuferin für eine große Tüte Popcorn und einen Trinkbecher Wasser für Kinder. „Das war doch nur ein Witz, oder?", möchte ich antworten, verzichte aber ebenso darauf wie auf die Frage, warum ein Kinderbecher sage und schreibe 0,5 Liter fassen muss. Es bleibt einfach keine Zeit mehr für Diskussionen, der Film beginnt gleich.

Stofftier Benjamin durfte mit ins Kino. Das Popcorn war aber alleine Hannes vorbehalten.

„Musst du vorher noch aufs Klo?", frage ich Hannes und kenne die Antwort. Nein, muss er nicht. Natürlich nicht. Kinder müssen nie aufs Klo, wenn man sie fragt. Die Plätze 8 und 9 in Reihe D ganz oben sind schnell gefunden. Die Werbung läuft bereits. Hannes starrt fasziniert auf die riesige Leinwand. Ich lasse mich entspannt in den Sitz fallen. „Papa?", höre ich von links. „Du musst Pipi", lasse ich Hannes nicht aussprechen und hetze mit ihm die Stufen wieder runter.

Die Werbung läuft immer noch, als wir unsere Plätze wieder einnehmen. Ein Kinderfilm nach dem anderen wird beworben. Hannes ist elektrisiert von den schnellen Schnitten und der Geräuschkulisse. Den Blick nicht von der Leinwand gerichtet, schaufelt er eine Handvoll Popcorn nach der anderen in sich hinein.

Törööö! Endlich taucht Benjamin Blümchen auf. Und der sprechende Dickhäuter enttäuscht Hannes nicht. Tollpatschig legt sich der Elefant mit dem Skateboard auf die Nase – oder besser: den Rüssel – und Hannes quietscht vor Lachen. Wird im Film gesungen, tanzt Hannes in seinem

Sessel hin und her. Ist die böse Frau Zack im Bild, die den Neustädter Zoo umbauen möchte, schreit Hannes: „Hau ab!" Kurz gesagt: Er ist voll dabei.

Dass ich die Handlung ein bisschen bräsig finde und mit dem computeranimierten Benjamin fremdle, lasse ich ihn nicht spüren. Nach gut einer Stunde wird Hannes ein wenig unruhiger und kommt auf meinen Schoß gekrochen. Das Popcorn ist verschwunden. Genau wie Benjamin, der von der bösen Frau Zack entführt wurde und für lange Zeit nicht mehr auftaucht. „Ich find das doof, dass Benjamin weg ist", meldet sich Hannes. Und fragt mich zehn Minuten vor Ende des Films: „Können wir nach Hause, Papa?"

Natürlich können wir. Den ersten Kinobesuch soll er ja in guter Erinnerung behalten. In meiner Paraderolle als Stoff-Benjamin erzähle ich ihm auf dem Rückweg, dass im Film alles gut ausgegangen ist. Zu Hause hat Hannes der Mama auch noch viel zu erzählen. Michel schläft zum Glück schon seit Stunden. Hannes schließt seine Augen erst um halb zehn.

Pizarro macht Papa froh – und den Hannes ebenso

Hannes, 3 Jahre, Michel, 12 Monate

Hannes telefoniert nicht gern. Aber wenn ihm etwas wirklich wichtig ist, ruft er mich an. „Papa", fragte er mich neulich. „Pizarro spielt doch jetzt auch in der Türkei, oder?" Ich konnte ihn aufklären. „Nein, Hannes. Max Kruse ist in die Türkei gewechselt. Pizarro spielt weiter für Bremen. Wahrscheinlich noch ganz lange."

Ich hätte es nicht für möglich gehalten, aber – Stand jetzt – habe ich es geschafft: Ich gehe mit einem kleinen Werder-Fan an meiner Seite in die neue Bundesliga-Saison. Hannes ist ein Grün-Weißer geworden. Ich streite gar nicht ab, dass ich alles dafür gegeben habe, ihn zum Fischkopp zu erziehen. Letztlich musste ich aber gar nicht so viel tun. Plötzlich war es bei ihm da, das Fußballfieber. Ganz von sich aus. Ich musste nur noch seine Fragen über den Fußball beantworten und dabei die Werder-Brille aufbehalten (und ihm Schal, Fahne, Kappe, Trikot und CD von Werder überlassen).

Hannes speichert alles ab. Dass besagter Max Kruse jetzt eben nicht mehr für Bremen, sondern in der Türkei spielt. Dass Pizarro der älteste Werder-Spieler ist und immer ein Tor schießt. Dass ein kleiner und ein großer Bruder Eggestein bei Werder spielen. Dass Rashica so schnell ist und deshalb „Rakete" genannt wird. Oder kurz zusammengefasst. „Werder ist doch der beste Verein, oder Papa?" – „Der coolste, Hannes. Auf jeden Fall der coolste", lautet meine Antwort.

Mit seinem Werder-Trikot (Hannes, Nr. 10) fällt er im Kindergarten zwischen den Bayern-, Dortmund-, und Köln-Fans natürlich auf – und eckt an. „Dem Neo habe ich gesagt, dass Bayern doof ist", erzählte er mir. Und die Erzieherinnen hätten ihm beigepflichtet. Ich finde, er ist wirklich gut aufgehoben in diesem Kindergarten. Allerdings stellt Hannes seine Werder-Liebe mit solch einer Vehemenz zur Schau, dass Frau Günther, die es mit Borussia Mönchengladbach hält, mich schon scherzhaft zum Elterngespräch laden wollte.

Auch die schwarz-gelbe Mama, die sich in ihr Schicksal ergeben hat, nun von zwei Fischköppen umgeben zu sein, kann Hannes nicht davon überzeugen, dass Werder in den vergangenen Jahren nicht unbedingt die erste Adresse im deutschen Fußball war. „Wir sind Meister und haben den Pokal", hält Hannes dagegen. So wird es schließlich in der Vereinshymne besungen. Dass die schon 15 Jahre auf dem Buckel hat, habe ich ihm bislang verschwiegen.

Ob die Werder-Begeisterung anhält oder nicht: Ich finde es einfach total schön, mit Hannes nun eine Leidenschaft zu teilen. Auch wenn diese sicher noch oft Leiden schafft.

Geburtstage mit Blut, wenig Schlaf und Geheimnissen

Hannes, fast 4 Jahre, Michel, 12 Monate

Da waren sie nun also und brachten mir ein Geburtstagsständchen ans Bett. Das Trio, bestehend aus Michel, Hannes und der Mama. Herzerwärmend. Und wäre es nicht erst fünf Uhr am Morgen gewesen, hätte mein nun 39 Jahre altes Gesicht ihnen sicher auch meine Rührung gezeigt.

Hoch sollte ich leben. Dabei wollte ich doch nur noch ein bisschen länger hoch liegen – so schön gemütlich in Hannes' Hochbett, das nachts zu meiner Heimat geworden ist. Nützt ja nichts.

„Komm schnell ins Wohnzimmer", weist mich Hannes an. Dort warten ein Rührkuchen in Form eines Fußballtrikots, Happy-Birthday-Wimpelketten und ein eingedeckter Frühstückstisch samt Geschenken auf mich. Wie und wann hat die Mama das nun wieder geschafft? Um Stress und schlechte Laune an diesem sehr frühen Morgen zu vermeiden, dürfen Hannes und Michel mir natürlich helfen, die Kerzen auszupusten (Michel kann das jetzt und ist ganz stolz drauf) und die Geschenke auszupacken. Mit klaren Angaben: „Erst das, Papa. Und jetzt das."

Am Nachmittag kommen Oma und Opa zu Besuch. Hannes haben zehn Minuten Schlaf im Auto mal wieder gereicht, um seinen Tank komplett aufzufüllen. Auch Michel hat Schlaf nachgeholt. Ich verfolge müde, wie sie aufgedreht mit den Geschenken von Oma und Opa durch die Wohnung fetzen. „Nur zur Erinnerung", rufe ich irgendwann. „Ich hab heute Geburtstag." Nein, im Mittelpunkt steht man mit kleinen Kindern an seinem Ehrentag nicht mehr.

Bei der Mama, die zwei Wochen zuvor zarte 33 Jahre jung geworden ist, war es allerdings noch extremer. Kein Rührkuchenherz, keine Wimpelketten, kein eingedeckter Frühstückstisch. „Hab ich mit den beiden einfach nicht geschafft", entschuldige ich mich wahrheitsgemäß, bevor sie das Geschenk von Hannes auspacken muss. „Aber nicht verraten, dass du der Mama eine BVB-Tasse schenkst", hatte ich ihm geheimnisvoll ins Ohr geflüstert. „Ich schenk dir eine BVB-Tasse", flüsterte er ihr am nächsten Tag ins Ohr. Mit dem Zusatz: „Aber nicht Papa verraten."

Kurz vor Mamas Geburtstag fragte ich ihn noch mal: „Du hast der Mama doch nicht verraten, dass du ihr eine Tasse schenkst, oder?" – „Nein, Papa", biss er sich auf die Lippen. Ganz wörtlich und ganz fürchterlich biss sich Hannes kurz nach der Bescherung an Mamas Geburtstag auf seine Lippe. Kopfstoß-Unfall mit dem Waschbecken im Badezimmer. Blut floss. Also saß Mama kurze Zeit später mit ihm bei der Kinderärztin.

Nachmittags, als Oma und Opa zu Besuch sind, war zum Glück alles wieder gut. Mit Michel tobte er durch den Garten. Oma und Opa tobten mit und erfreuten sich an ihren Enkelkindern. Nein, im Mittelpunkt steht man mit kleinen Kindern an seinem Ehrentag nicht mehr.

Keine drei Wochen mehr, dann hat Hannes selbst Geburtstag. Dann darf er endlich seine eigenen Kerzen auspusten. Vier an der Zahl. Um fünf Uhr werde ich ihn wecken. Das wird sein Tag.

Bald kommen
die Stützräder ab!
Versprochen! Vielleicht …

Hannes, 3 Jahre, Michel, 13 Monate

Es begab sich aber zu der Zeit, dass ein Gebot von der Mama ausging, dass von Papa und Hannes ein Fahrrad gekauft würde. Ein vorzeitiges Geburtstagsgeschenk für den Großen, dem das Lauffahrrad zu klein geworden war. Warum schließlich den Sommer verstreichen lassen?

Also ab ins Fahrradgeschäft. Ein Kinderrad reiht sich hier ans nächste. Schweigend nimmt Hannes sie alle ins Visier. „Das möchte ich haben." Er zeigt plötzlich auf ein blau-grünes, sehr stabiles Rad mit dicken Reifen. „Okay", könnte ich nun sagen und mit dem Rad einfach zur Kasse gehen. Denn umstimmen lässt sich Hannes eh nicht. Das weiß ich jetzt schon.

Ich ziehe trotzdem einen Verkäufer zurate. Er schlägt uns genau dieses Rad vor. Während Hannes glücklich Runden durch das Geschäft dreht, schwört mir der Verkäufer, dass dieses stabile, aber nicht ganz billige Rad auch den zweiten Sohn ganz sicher überstehen würde. Überzeugt mich. Gekauft.

Zu Hause bemängelt die Mama nicht ganz zu Unrecht, dass Leuchten, Gepäckträger und Ständer fehlen. Dafür sind die Stützräder von der Probefahrt im Geschäft noch dran. Und sollen auch auf keinen Fall ab, findet Hannes, der zufrieden über den Hof düst. „Erst nächstes Wochenende", sagt er. Widerspruch zwecklos. Also gut, es kann ja nicht schaden, wenn er sich erst mal mit Lenkung und Rücktritt vertraut macht, lüge ich mir in die Tasche. Dass Stützräder Mist sind, weiß ich eigentlich auch.

71

Pausen sind bei einer Fahrradtour für Hannes und Michel wichtig.

Die erste Ausfahrt führt auf die Trasse. Hannes auf dem neuen Fahrrad. Mama joggend daneben. Michel auf dem Dreirad. Papa schiebend dahinter. Erstaunlich, was Hannes im Sommer für eine Kondition aufgebaut hat. Er fährt. Und fährt. Und fährt. Mama läuft. Und läuft. Und läuft.

Michel und ich sehen nur die Rücklichter, die Mama noch schnell gekauft hat. Der kleinste Freudenberg genießt den Fahrtwind und die Begegnungen. Jeder Hund wird von ihm begrüßt. Das kostet Zeit. Wir müssen weiter, Michel! Sonst kommt gleich der Besenwagen und sammelt uns auf.

Erst bei einer kurzen Pause sehen wir Hannes und die Mama wieder. Für kurze Zeit. Dann tritt Hannes wieder in die Pedale und Mama hält Schritt. „Umkehren!", rufe ich ihnen hinterher, als ich merke, dass Michel müde wird. Kurz nachdem sie kehrt gemacht und uns überholt haben, pennt Michel tatsächlich ein. Den letzten Kilometer muss ich ihn tragen und das Dreirad schieben. Erstaunlich, welche Kondition man mit zwei Kindern aufbaut. Hannes ist nach der ersten Tour euphorisiert. Er schmiedet Pläne, wen er mit dem Fahrrad demnächst alles besuchen möchte. Alleine. „Dafür musst du aber lernen, ohne Stützräder zu fahren", sage ich ihm. „Nächstes Wochenende", verspricht er.

Hey, ihr Talent-Scouts: Habt ihr das gesehen?

Hannes, 3 Jahre, Michel, 13 Monate

Fußball-WM 2034 in Australien: Verlängerung im Endspiel zwischen Deutschland und Brasilien. Bundestrainer Mario Götze zieht seine letzte Option und bringt den 18-jährigen Hannes Freudenberg. Und der Joker sticht! Kopfballtor in der 113. Minute! Der Junge aus dem Bergischen hat uns zum Weltmeister gemacht! Zukunftsmusik. In der Gegenwart heißt der Trainer Klaus. Erstes Training für Hannes in der Fußballschule für Kindergartenkinder, in der wir ihn angemeldet haben. Weil er für die Bambini-Mannschaft noch zu jung ist, aber so gerne richtig Fußball spielen möchte.

40 Kinder tummeln sich auf dem Kunstrasenplatz. Sämtliche Teams der Champions League sind auf ihren Trikots vertreten. Dazwischen ein Junge mit einem grünen Werder-Dress, der Nummer 10 und dem Schriftzug „Hannes". Er wird der

Trainingsgruppe 4 zugeteilt. Hier sind die Jüngsten versammelt. „Das Ballnetz mit dem Schalke-Logo ist für uns reserviert", erklärt Trainer Klaus, ein Knappe. „Iiih, Schalke", entfährt es Hannes und ich weiß nicht, ob ich stolz, beschämt oder amüsiert sein soll.

Das Training beginnt aber zunächst ohne Bälle. Bewegungsspiele stehen auf dem Programm. Klaus ist der Fuchs und jagt die Hasen. Meine ich das nur oder hat er es besonders oft auf den Hasen Hannes abgesehen? Den mit Abstand größten Hasen der Gruppe, der Schalke nicht leiden kann.

Wie auch immer: Hannes schlägt sich in den Spielen wacker, wird aber langsam ungeduldig. „Papa, wann spielen wir denn Fußball?", fragt er mich in einer Trinkpause. Im Vorfeld hatte er sich schließlich ausgemalt, mindestens 1000 Tore unter dem Jubel der Fans zu schießen.

Tatsächlich öffnet Trainer Klaus nun das Ballnetz. Richtig Fußball gespielt wird allerdings nicht. Aber es gibt Wettrennen mit Ball in der Hand und am Fuß. Und Klaus, der nun ein Räuber ist, darf abgeschossen werden. Hannes gefällt es. Er spielt seine körperlichen Vorteile gegenüber den anderen Kindern voll aus. Hey, ihr Talent-Scouts von Real Madrid und Juventus Turin, die ihr euch hier irgendwo im Baum versteckt habt: Habt ihr diesen Antritt gesehen? Und diese platzierten Schüsse?

Was mir wirklich Spaß macht: Auch ich lerne meinen Sohn beim Fußball noch besser kennen. Und was ich da sehe, gefällt mir. Ein Draufgänger ist er nicht, aber ehrgeizig. Als er ein Wettrennen gegen einen deutlich kleineren Jungen verliert, weil er das Startsignal falsch verstanden hat, kullern Tränen über seine Wangen. Verlieren gehört dazu. Muss er lernen. Wird er lernen. Ansonsten verhält er sich sehr umsichtig, sucht Anschluss an seine Mitspieler, spielt schlitzohrig und hat immer alles im Blick. Typ Spielmacher, würde ich

Warten auf den Einsatz: Hannes kurz vor seinem 1000. Tor.

sagen. Ein echter Zehner eben. Solche Typen werden doch immer gebraucht.

Bis zur WM 2034 ist es noch ein weiter Weg. Aber wenn er möchte, werde ich ihn mit ihm gehen. Auch wenn er nicht in die Nationalmannschaft führt. Sondern nur zum VfL Witzhelden oder SSV Lützenkirchen. Sonntags um 7.30 Uhr. Mit mir als Fahrdienst. Mein Vater war bei mir von der F- bis zur A-Jugend schließlich auch immer dabei. Und hat immerhin erlebt, wie wir damals fast … Ach, lassen wir das.

Mein Fußballtraum ist noch nicht ausgeträumt. WM 2038 in Afrika: Mit Hannes im Mittelfeld – und Michel im Sturm.

Interessante Sozialstudien auf viel zu kleinen Stühlen

Hannes, 4 Jahre, Michel, 14 Monate

Elternabende sind für viele das Grauen. Für mich nicht. Nach einigen Zusammenkünften im Kindergarten kann ich sagen: Ich mag sie. Weil sie einem festgelegten Regelwerk folgen und damit interessante Sozialstudien erlauben.

Parken:

Auf dem Weg zum Elternabend kommen mir drei Mütter und Väter entgegen, die in der kurzen Stichstraße keinen Parkplatz direkt am Kindergarten gefunden haben. Ich probiere es trotzdem und finde natürlich auch keinen Parkplatz. Muss wenden. Auf dem Weg zurück kommen mir drei weitere Mütter und Väter entgegen. Auch sie werden keinen Parkplatz finden, versuchen es aber dennoch. Elterntaxis eben. Beim nächsten Mal gehe ich zu Fuß, lüge ich mich an.

Garderobe:

Es gibt im Kindergarten Kleiderhaken für die Jacken der Erwachsenen. Sie werden aber nicht genutzt. Denn Eltern hängen ihre Jacken grundsätzlich an den Haken ihrer Kinder auf. Auch ich. Meine Jacke findet ihren Platz also neben Hannes' Matschhose am Haken mit dem blauen Vogel.

Sitzen:

Es sieht so aus, als würde der viel zu kleine Stuhl in meinen 194 Zentimetern verschwinden, als ich mich setze. „Sitzen ist Gift", hat Oma immer gesagt. Wie recht sie hatte. Rutsche unruhig hin und her, um abwechselnd erst die linke, dann die rechte Gesäßbacke mit gequältem Gesichtsausdruck

Sitzen ist Gift, wusste schon meine Oma Ilse.

zu entlasten. Der Hüpfball in der Ecke wäre eine Alternative. Lasse ihn in der Ecke stehen. Will nicht, dass die Kinder
morgen auf Hannes zeigen und rufen: „Dein Papa hat den
Hüpfball zum Platzen gebracht."

Begrüßung:

„Sollen wir noch warten oder fangen wir an?" – „Wir fangen
an. Wir wollen ja nicht die bestrafen, die pünktlich waren."
So geht es los. Immer. Ein paar Minuten später gefolgt von
einem: „Schreibt eigentlich irgendjemand Protokoll?"

Wahlen:

Die Elternvertreter treten alle noch mal an. Super Eltern-vertreter sind das! Einstimmig wiedergewählt! So entsteht erst gar nicht diese peinliche Stille, in der alle nach unten gucken, um nicht in ein Amt gedrängt zu werden. Ich weiß, wie wichtig die Arbeit des Elternbeirats ist. Irgendwann darf man mich gerne fragen. Aber das hat noch Zeit. Lassen wir erst mal Michel nächstes Jahr in den Kindergarten gehen.

Sonstiges:

Immer der interessanteste Punkt auf der Tagesordnung. Es geht um Zahnbürsten, die von den Kindern vertauscht werden und deshalb besser beschriftet werden sollten, um Trinkflaschen („Bitte nicht noch die zehnte Flasche mit Feuerwehrmann Sam drauf!") und um die Auswahl der Getränke (mit Blubber!).

Fazit:

Mitunter kann dieser ganze Organisationsbrei auch mal überkochen – in unserem Kindergarten zum Glück nicht. Weil die Eltern sowohl den Erzieherinnen als auch einander mit großem Respekt begegnen. Und weil es eine große Stärke der Leiterin ist, unnötige Diskussionen mit passenden Worten erst gar nicht aufkommen zu lassen.

Schlusspfiff:

Nach einer halben Stunde ist der Elternabend vorbei. Nach dem bewährten Verfahren „Viele Hände, schnelles Ende" bringt jeder seinen kleinen Stuhl, auf dem er sich die letzte halbe Stunde gequält hat, zurück an die richtige Stelle. Die Mütter gehen in die Verlängerung und quatschen an den Kleiderhaken ihrer Kinder weiter. Die wenigen Väter eilen mit mir nach draußen. Fußball. Champions League. Zur zweiten Hälfte schaffen wir es noch.

Jeden Morgen eine ganz persönliche Mondlandung

Hannes, 4 Jahre, Michel, 15 Monate

Wieder einmal habe ich es geschafft. Ich bin wach geworden, kurz bevor mich der Alarmton „Moon Landing" meines Handys aus dem Schlaf hätte reißen können. Es ist 5.25 Uhr – und ich bin wach. Hellwach. Was hat der Online-Frühdienst, den ich vor drei Jahren in der Redaktion übernommen habe, nur aus mir gemacht?

Früher erinnerte mich ab 8.30 Uhr noch mindestens dreimal die Schlummerfunktion, dass ich mich langsam aus dem Bett zu quälen habe. Heute sind meine Sinne bereits um 5.25 Uhr geschärft. Weil Hannes neben mir liegt und ich es schaffen muss, vom Kinderzimmer, in dem ich zurzeit nächtige, ins Badezimmer zu gelangen, ohne ihn zu wecken.

Sein Bein liegt über meinem. Natürlich. Aber in Körperteile-Mikado habe ich es längst zur Meisterschaft gebracht. Behutsam ziehe ich mein Bein in Zeitlupe unter ihm weg. Das war einfach. Schwieriger wird mein Rückzug aus der Höhle. So nennen wir meinem Schlafplatz unterhalb des Hochbetts. Wie ein Regenwurm ziehharmonikasiere ich mich vorwärts. Bloß nicht irgendwo anstoßen, das macht gar laute Geräusche. Geschafft! Mit der Taschenlampe meines Handys leuchte ich den Fußboden ab. Denn auf dem kurzen Stück vom Bett bis zur Tür darf ich bloß nicht auf liegen gebliebene Spielzeuge treten. Wer einmal seine nackten Füße in Legosteine, Schleich-Tiere oder Tipp-Kick-Figuren gebohrt hat, weiß, wie höllisch weh das tut.

Ich bin unverletzt im Flur angekommen. Verdammt, ich habe vergessen, den Alarmton abzustellen. Die „Mondlandungsmelodie" ertönt. Glück gehabt, niemand scheint sie vernommen zu haben. Wie Neil Armstrong auf dem Mond bewege ich mich fast schwerelos fort, hole meine am Vorabend bereitgelegten Klamotten aus dem Arbeitszimmer und erreiche schließlich das Bad. Dort schalte ich das Babyfon ein. Manchmal lässt sich Hannes darüber noch mal beruhigen und schläft weiter, wenn man mit ihm spricht.

Mit dem Zähneputzen beginne ich parallel zur Klospülung, damit das Geräusch meiner Zahnbürste nicht so überraschend kommt. Weil die Dusche an Hannes' Kinderzimmer grenzt, stelle ich das Wasser erst an, wenn sich mein Kopf unter dem Duschstrahl befindet, damit die Wassertropfen nicht so laut auf dem Boden aufschlagen. Natürlich ist das Wasser kalt und unangenehm, macht aber noch ein bisschen wacher.

Das Babyfon bleibt ruhig. Hannes schläft weiter. Solange das der Fall ist, mache ich morgens weiter mit meinen Lärmvermeidungsmaßnahmen. So übertrieben sie auch sein mögen. Der schwierigere Fall ist sowieso Michel. Denn jetzt muss ich das Babyfon noch ins Schlafzimmer bringen, in dem der Kleine meinen Platz neben der Mama eingenommen hat.

Vorsichtig öffne ich die Tür und schleiche mich zum Nachttisch. Die Mama ist schon wach, Michel aber ruhig. Fast schon im Türrahmen, hat Michel mich doch noch bemerkt. „Papaaaa", ruft er, und seine Augen funkeln mich katzengleich an. So leid es mir für die Mama tut, dass sie nach einer wieder einmal bescheidenen Nacht nun auch noch früh aufstehen muss, genieße ich das zweiminütige Kuscheln mit Michel dennoch.

Und Hannes? „Kurz nachdem du aus der Tür warst, war er wach", schreibt mir die Mama später.

Männerabend:
Drei Chaoten allein zu Haus

Hannes, 4 Jahre, Michel, 16 Monate

Der nette Mann mit dem langen Bart, der einmal in der Woche bei uns klingelt, erinnert nicht nur an den Weihnachtsmann, er muss sich auch so vorkommen wie einer. Denn von Hannes und Michel wird er genauso sehnsüchtig erwartet und euphorisch begrüßt. Er hat zwar keinen Sack und auch keine Geschenke dabei, dafür aber eine Thermobox mit drei leckeren Pizzen. „Lasst es euch schmecken, Hannes und Michel", verabschiedet er sich von meinen Jungs, deren Namen er längst kennt, und fliegt mit seinem Rentier-Schlitten davon.

Es ist zum festen Ritual geworden: Wenn Mama donnerstags zum Sport geht, bestellen sich die verbliebenen Männer im Haus Pizza. Wie es sich eben für einen echten Männerabend gehört. „Können wir beim Essen Fußball gucken?", fragt mich Hannes. Weil er genau weiß, dass sein Papa donnerstags irgendwie offener ist für Abweichungen von den normalen Abläufen. Für Quatsch und Anarchie. Und für Fußball ja sowieso. Also lasse ich die Zusammenfassungen der beiden Deutschland-Spiele im Hintergrund laufen.

Nach der Pizza-Schlacht geht es weiter mit Fußball. Michel gegen Papa im Wohnzimmerstadion. Hannes als Torwart vor der Küchenfront. Der Stoffball landet in der Spüle, auf halb leeren Pizzakartons und manchmal auch im Backofen-Tor. Ein echtes Topspiel! Als Belohnung zücke ich noch zwei Päckchen Fußball-Sammelbilder aus meiner Tasche. Hannes freut sich wie Bolle. Vor meinem geistigen Auge sehe ich die Mama mit den Augen rollen. Aber ist es denn schlimm, dass ich mindestens genauso viel Spaß daran habe, das noch fehlende Logo des SV Sandhausen einzukleben, wie Hannes? Michel ist außerdem stolz wie Oskar, dass sein großer Bruder ihm großzügig seine doppelten Bildchen schenkt.

Die Zeit an so einem Männerabend im Hause Freudenberg vergeht schnell, weil immer etwas passiert. Zur Musik meiner alten Michael-Schumacher-Soundtrack-CD aus den 90ern laufen wir durch die ganze Wohnung und spielen Autorennen. Michel kann dem Tempo nicht ganz folgen, freut sich aber jedes Mal, wenn er überrundet wird. Nach ein paar waghalsigen Stunts am, auf und unter dem Hochbett ist der Tobe-Bedarf für heute gestillt. Ganz ruhig spielen Hannes und Michel nun mit den Spielsachen von Feuerwehrmann Sam. Ich nutze die Zeit, um alle Vorkehrungen für die Nacht zu treffen.

Irgendwann sind alle Lichter gedimmt, alle Zähne geputzt und alle Spielsachen verstaut. Michel gähnt und reibt sich die Augen. Er geht Richtung Schlafzimmer und sucht die Mama. „Heute musst du mit Papa vorliebnehmen", flüstere ich ihm ins Ohr. Er meckert noch ein paar Minuten auf meinem Arm, dann wird er vom Schlaf übermannt.

Jetzt muss der Große noch nachziehen. Mama kommt nach Hause. „War alles gut beim Sport?", fragt er sie müde. „Ja", sagt die Mama. „Und wie war euer Männerabend?" – „Ganz gut", antwortet Hannes. Und ich finde, das ist ziemlich untertrieben.

Husten: Wir haben ein Problem!

Hannes, 4 Jahre, Michel, 16 Monate

Michel hat einen neuen Freund. Dabei mochte er ihn anfangs überhaupt nicht. Jetzt aber schnappt er ihn sich, wenn es ihm mal nicht so gut geht. Nein, kein Stofftier. Sein neuer Freund ist ein Nasensauger. Zack, hat die Mama wieder eine ganze Ladung Schnodder aus der Nase gezogen – und Michel strahlt übers ganze Gesicht. Tut das gut! Fast ist er beleidigt, dass es irgendwann nichts mehr zu saugen gibt.

Ja, der verschnupfte Michel ist ein guter Kranker, der sich gerne helfen lässt. Bei seinem großen Bruder, aktuell ebenfalls stark erkältet, verhält es sich da ein bisschen anders. Ich glaube, wenn wir ihm noch einmal mit dem Nasensauger zu nahe kommen, gibt's was auf die Nase. Immerhin akzeptiert er mittlerweile, dass ein nasses Handtuch mit Eukalyptusöl auf der Heizung und eine wohltuende Salbe auf der Brust nachts nicht so verkehrt sind. Trotzdem hält sich der Husten hartnäckig. Durchschlafen unmöglich.

Ein Hustensaft musste her. Rein pflanzlich natürlich. Mit leckerem Honiggeschmack. „Dann kannst du besser schlafen, Hannes", reichte ich ihm den Mini-Schluck. „Bäh. Will ich nicht!", lautete seine knappe Antwort. Zwei Abende lang probierten Mama und Papa alles. Wurden lauter. Waren verständnisvoll. Sagten pädagogisch wertvolle und schwachsinnige Sachen. Ergebnis: Hannes! Will! Keinen! Hustensaft!

Zur Beruhigung flüsterte ich mir immer wieder ein: „Nimm den Husten nicht so schwer, gleich kommt der Hustinetten-Bär." Aber es kam kein Bär. Dafür rief Oma an und sagte, was

Ein Löffel mit „Honig" vor der Nacht wirkt wahre Wunder.

ich nicht hören wollte: „Du warst früher genauso stur." Eine andere Lösung muss her.

Ein Trick, eigentlich ganz einfach: „Nimmst du denn wenigstens einen Löffel mit Honig vor der Nacht?", frage ich Hannes eines Abends und bin von seinem „Ja" überrascht. Schnell laufe ich zur Küche, träufel den Hustensaft mit Honiggeschmack auf den Löffel und geb noch etwas echten Honig dazu. Hannes schluckt meine Notlüge. Und den Hustensaft. Er merkt gar nichts.

Ich sollte zufrieden sein. Stattdessen plagt mich das schlechte Gewissen. Sind ein bisschen viele Lügen im Moment. Ich sage ihm zum Beispiel nicht die ganze Wahrheit über das Christkind, die Geschenke und den Weihnachtsmann. Ich gaukle ihm vor, dass Werder aktuell immer noch eine echte Spitzenmannschaft ist. Und jetzt verkaufe ich ihm auch noch Hustensaft als Honig. Na ja, Notlügen gehören wohl zur Erziehung dazu.

Die Mama war es mal wieder, die Hannes' Horizont mit ein wenig Wahrheit erweiterte. Gemeinsam schauten sie sich ihre alten Bücher „Mein Körper – was ist das?" an. Hannes erfuhr alles über die Atemwege, Viren und Bakterien – und fragte interessiert nach. Bei ihm geht es eben über den Verstand. Er muss erst begriffen haben, was es bringt, bevor er etwas macht, was wir von ihm wollen.

Den Nasensauger mag er zwar immer noch nicht, aber er putzt sich jetzt richtig die Nase. Ohne Diskussionen. Und den Löffel mit Hustensaft nimmt er auch. Ich bin mir sicher, er hat inzwischen durchschaut, dass es kein Honig ist. Aber so können wir beide unser Gesicht wahren …

Michel braucht keinen Superhelden – er hat ja Hannes

Hannes, 4 Jahre, Michel, 17 Monate

Superhelden stehen bei Hannes gerade ganz hoch im Kurs. Handtuch schwingend und mit Augenmaske kämpft er in der Wohnung gegen das Böse, das abwechselnd von der Mama oder mir dargestellt wird. Michel weicht ihm dabei nicht von der Seite.

Wo Hannes ist, ist Michel nicht weit. Was Hannes macht, ist für Michel automatisch interessant. Michel braucht keinen Superhelden, er hat ja einen großen Bruder. Und der freut sich, dass aus dem kleinen Michel allmählich ein echter Spielkamerad wird. „Komm Michi, wir gehen spielen." Dieser Satz aus Hannes' Mund klingt in Michels Ohren wie Musik.

Dann zischen beide ab – und für Mama und Papa bietet sich beim Frühstück, Mittag- oder Abendessen noch die Gelegenheit, einen kleinen Nachschlag in trauter Zweisamkeit zu genießen. Zu viel Zeit dürfen wir uns aber nicht lassen. Studien haben herausgefunden, dass sich Geschwister in diesem Alter ungefähr alle zehn Minuten streiten. Daran halten sich Hannes und Michel ziemlich genau.

Michel baut die Strecke der Holzeisenbahn um – Hannes ist wütend. Hannes reißt die Figur von Feuerwehrmann Sam aus seinen Händen – Michel ist wütend. Oder umgekehrt. Je nach Laune und Müdigkeitsgrad wird dann geschimpft, gepetzt, geschrien oder gehauen. Je nach Heftigkeit müssen Mama und Papa dann nichts tun, schlichten, beruhigen

Beschützer, Freunde, Rivalen – oder einfach: Brüder.

oder wie ein Ringrichter beim Boxen dazwischengehen. „Jetzt bin ich echt sauer, Michi", hallt es bei Hannes noch kurz nach, dann geht es weiter.

Wenn es irgendwie geht, versuchen wir Auseinanderset-zungen vorbeugend zu verhindern. Zu Weihnachten gab es deshalb auch für Michel den bei Hannes sehr beliebten Tiptoi-Stift. Tippt man mit dem Stift auf bestimmte Bilder in den speziellen Büchern, erklingen passende Geräusche, Sprache oder Musik. Jetzt haben beide diesen Stift, aber natürlich möchten beide immer genau das Buch haben, das sich der andere gerade anschaut. Jedes Umblättern einer Seite führt zu heftigem Protest.

Abgesehen von den kleinen Machtkämpfen sind Hannes und Michel aber ein Herz und eine Seele. Vor allem beim Klettern, Rennen und Rangeln sind beide froh, den anderen zu haben. Hannes macht etwas, Michel schaut sich alles ab und setzt es sofort um. Nicht selten folgt eine Liebeserklä-rung von Hannes. „Du bist mein allergrößter Schatz", sagt er dann zu seinem kleinen Bruder – und Mama und Papa sind gerührt.

Haben wir mal ein wenig lauter mit Michel geschimpft, kann er sich der Solidarität seines großen Bruders übrigens im-mer sicher sein. Selbst wenn es Hannes selbst war, den Mi-chel geärgert hat. „Willst du zu mir?", fragt er dann mitfüh-lend den traurig-schmollenden Michel. Und der nimmt die breiten Schultern von Superheld Hannes dankbar an.

Ob Hannes zu Hause ist, hat sogar Auswirkungen auf Mi-chels Schlafverhalten. Weilt Hannes im Kindergarten, fällt es Michel nicht schwer, frühzeitig seinen Mittagsschlaf zu halten. Am Wochenende aber ist die Gefahr zu groß, ir-gendetwas zu verpassen, was der große Bruder gerade anstellt – und er findet keine Ruhe. Da half neulich nur eine Autofahrt. Nach der ersten Kurve war Michel schon weggedöst. Und tankte Kraft für weitere Schandtaten mit Hannes.

FC Papa – Wenn Fußballer schwanger werden

Hannes, 4 Jahre, Michel, 17 Monate

Montagabends. 20.15 Uhr. Sporthalle. Fußball mit den Jungs. Es gibt diesen einen Termin in der Woche, der mir seit über 20 Jahren heilig ist. Doch es fängt an zu bröckeln. Aus der einst besten Hobbyfußball-Truppe der Stadt, die bei Turnieren immer einen Pokal mitgenommen hat, ist schleichend ein ziemlich müder Haufen geworden. Was auch daran liegt, dass viele Kicker in den vergangenen Jahren Papa geworden sind.

In der Formel 1 heißt es, dass ein Kind einen Fahrer eine Sekunde pro Runde langsamer macht. Uns machen die Kinder, zumindest die kleinen, einfach träge. Jeden Montag wird in der WhatsApp-Gruppe gezittert, ob abends gespielt werden kann. Eine Wasserstandsmeldung jagt die nächste. Haben dann doch endlich mal wieder mindestens acht Leute zugesagt, verabschiedet mich Hannes mit hohen Erwartungen: „Papa, heute musst du zehn Tore für mich schießen!" Und Michel reißt seine Arme hoch und jubelt euphorisch: „Tooor!"

Um ehrlich zu sein, brauche ich für zehn Tore mittlerweile drei Monate. Denn wenn ich merke, dass ich müde bin, gehe ich lieber ins Tor und schmeiße mich in die Schüsse der Mitspieler. So diese denn da sind.

Dominik, der drahtige Abwehrspieler, kommt seit der Geburt seiner Tochter vor fast einem Jahr gar nicht mehr. Er musste sich zwischen Basketball und Fußball entscheiden und gab uns einen Korb.

Papa Freudenberg ist meistens nur noch als Torwart im Einsatz. Und auch nur dann, wenn nicht zu viele abgesagt haben.

Tim, die flexibel einsetzbare Stimmungskanone, hat sogar schon drei Kinder. Rein statistisch ist davon eines immer krank oder will nicht einschlafen. Seine Standardnachricht: „Komme zehn Minuten später."

Ali, der schlitzohrige Stürmer, ist noch länger dabei als ich, hat aber immer öfter familiäre Verpflichtungen. Absagen wie „Kann heute nicht, muss zum Laternenbasteln in den Kindergarten" sind keine Seltenheit.

Robin, der technisch versierte Dauerläufer, hält sich trotz seiner zwei kleinen Töchter noch ziemlich wacker und ist fast immer da. Es sei denn, er weilt im Urlaub. Inzwischen vorwiegend auf Langeoog.

Thomas, der Sturmtank mit dem harten Schuss, kämpft seit der Geburt seines zweiten Kindes vor einem halben Jahr gegen einen wachsenden Bauchansatz und schneller ausgehende Puste. Immer wichtiger ist ihm das Bierchen nach dem Spiel geworden. Gut für ihn: Auch fast alle kinderlosen Mitspieler haben in den vergangenen Jahren ordentlich zugelegt. Eine Art Co-Co-Schwangerschaft unter Fußballern.

Zum Glück gibt es in unserem Team aber noch **Methusalem André.** Mit seinen 50 Jahren macht er uns vor, was auch als Papa und älterer Herr fußballerisch noch möglich ist. Kein Bauch, keine Klagen. Er wetzt die Linien rauf und runter wie Joshua Kimmich. Vielleicht, weil seine Kinder schon aus dem Gröbsten raus sind und er sich nebenbei als Jugendtrainer fit hält.

Er macht auch mir Hoffnung, dass sich mein Traum in ein paar Jahren doch noch erfüllen wird: Montagabends. 20.15 Uhr. Sporthalle. Fußball mit MEINEN Jungs – und natürlich den anderen Papas.

Das Kinderzimmer wird zu einer Millionenstadt aus Holz

Hannes, 4 Jahre, Michel, 18 Monate

Betreten verboten! Für Michel gelten bisweilen strenge Regeln. Denn immer öfter müssen kleine Brüder draußen bleiben. Dann nämlich, wenn Hannes sein Kinderzimmer ganz für sich alleine und seine Holzeisenbahn braucht.

Ich dagegen habe meistens Zutritt. „Willst du meine neue Strecke sehen?", begrüßt mich Hannes fast jeden Tag, wenn ich von der Arbeit nach Hause komme. Wobei „Strecke" stark untertrieben ist. Es sind ja nicht nur die Holzschienen, die von ihm verbaut werden. Hannes erschafft in seinem Zimmer ganz eigene Welten. Millionenstädte mit Flughafen, Bahnhof, Feuerwache, Brücken, Parkhaus, Seenotrettungszentrum, Polizeistation, Leuchtturm und Steinbrüchen. Dazwischen verkehren Züge, Autos und Einsatzfahrzeuge.

Da fällt es leicht, mit ihm zu spielen und spannende Geschichten zu erfinden. Die Entwicklung ist wirklich erstaunlich. Am Anfang waren da nur ein paar alte Holzschienen aus meiner Kindheit, die von Hannes auseinandergerupft wurden, sobald wir sie aufgebaut hatten. Mit zunehmendem Alter aber wuchsen sein Interesse und seine Fingerfertigkeiten. Kein Geburtstag und kein Weihnachten ohne Ergänzung für seine Welt aus Holz.

Jetzt hat das Fieber seinen Höhepunkt erreicht. Hannes schläft inzwischen sogar in einem anderen Zimmer, weil das von ihm Gebaute so viel Raum einnimmt, dass kein Platz mehr zum Schlafen ist. Und Abbauen kommt für ihn abends nicht infrage – obwohl morgens sowieso wieder um- oder neu gebaut wird. Alle Schienenteile müssen verbaut werden, wenn es nach Hannes geht.

Da dürfen Mama und Papa dann aber doch gerne helfen. Ich sag mal so: Hätte Familie Freudenberg den Berliner Flughafen geplant – er wäre längst eröffnet. Und Michel? Der darf natürlich das Zimmer betreten und mitspielen, wenn alles aufgebaut ist.

Entweder versucht er den Anweisungen seines großen Bruders so gut es geht zu folgen. Oder er sucht sich eine Ecke, die von Hannes gerade nicht bespielt und beachtet wird. Herrliche Momente, wenn beide einfach nur friedlich in ihr Spiel versunken sind.

Mittlerweile macht die Mama sogar Fotos der Holzstädte, damit sie später alles wieder rekonstruieren kann.

Die große Stunde schlägt für Michel aber morgens, wenn Hannes im Kindergarten weilt. Dann macht er die Welt, wide wide wie sie ihm gefällt. Brücken stürzen ein, Schienen werden anders angeordnet – und es fährt ein Zug nach Nirgendwo.

Aufgabe der Mama ist es nun, die Veränderungen in Grenzen zu halten. Mittlerweile macht sie morgens sogar Fotos von der Hannes-Stadt aus Holz, damit sie bis zum Nachmittag alles wieder rekonstruieren kann. Es muss schließlich alles wieder so sein wie vorher, wenn Hannes aus dem Kindergarten kommt.

Dann geht alles von vorne los. Bis ich von der Arbeit nach Hause komme und Hannes mir seine neue Strecke zeigt.

Die Beerdigung von Uropa Kurt: „Das hat er ziemlich perfekt gemacht!"

Hannes, 4 Jahre, Michel, 18 Monate

Nein, wir waren zuletzt nicht mehr oft zu Besuch bei Uropa Kurt. Der Alltag mit zwei kleinen Kindern vergeht meistens wie im Flug – ein Stopp im Altenheim liegt da nicht immer auf der Route. Trotzdem war mein Opa für Hannes immer präsent.

Nach dem letzten Besuch hatte er viele Fragen. Warum Uropa Kurt im Rollstuhl sitzt. Oder warum er manchmal so komisch spricht. Ich erklärte ihm, dass die meisten älteren Menschen nicht mehr so fit sind wie die jüngeren. Und dass Uropa Kurt mit 94 Jahren schon ziemlich alt ist. Hannes verstand. Und schlussfolgerte: „Dann stirbt er sicher bald."

Hannes behielt recht. Nach einem ziemlich erfüllten Leben ist Uropa Kurt nun gestorben. Ohne lange leiden zu müssen. Hannes erzählte ich davon morgens ganz in Ruhe im Bett. Wieder hatte er viele Fragen. Seine erste: „Aber du bist doch erst 39, oder Papa?"

Ich konnte ihn beruhigen und erzählte ihm ein bisschen aus Uropa Kurts Leben. Von dem riesigen Garten mit den vielen Blumen, der Hannes sicher gefallen hätte. Vom Heringsbraten, zu dem früher die ganze Verwandtschaft zusammenkam und bei dem ich einige Hundert Fische in Mehl wälzen durfte. Vom geheimnisvollen Dachboden, auf dem es immer etwas Spannendes zu finden gab. Durch sein interessiertes Zuhören half mir Hannes dabei, den Tod meines Opas zu verarbeiten. Und brachte mich sogar zum Lachen. Als ich ihm davon berichtete, dass Uropa Kurt früher als Pilot sogar Flugzeuge steuern durfte, hakte er nach: „Im Rollstuhl?"

Über die anstehende Beerdigung wusste Hannes auch schon Bescheid. „Dann kommt er in eine Kiste – und die wird dann im Boden verbuddelt", erklärte er mir routiniert. „Und dann steigt er in den Himmel auf." Das ließ ich einfach so stehen. Woher soll ich denn wissen, wie es wirklich abläuft? Was sich bei dem Gespräch mit Hannes zeigte: Für Kinder ist der Umgang mit dem Tod wesentlich einfacher und selbstverständlicher als für Erwachsene. Und das ist gut so.

Am Tag der Beerdigung brachten wir Hannes ganz normal in den Kindergarten. Er wollte erst später zu uns dazustoßen. Sein Leben geht eben weiter. Auch das ist gut so.

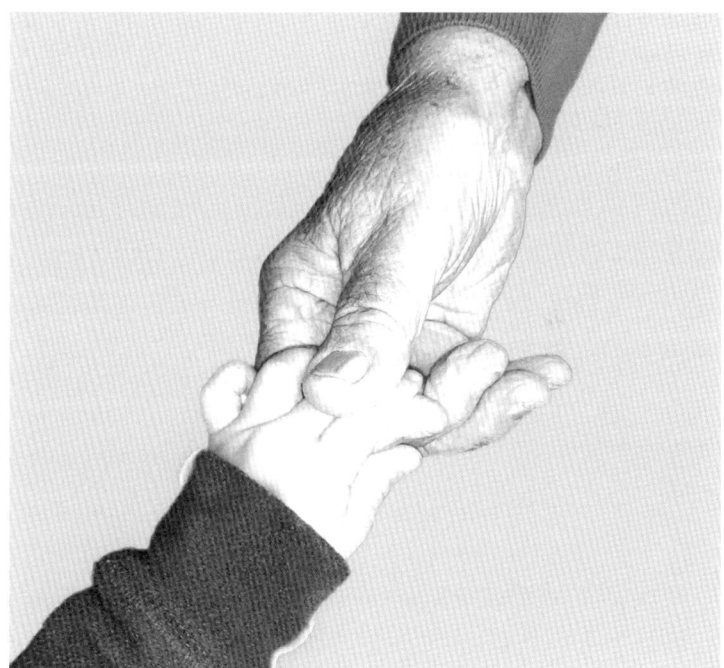

Die letzte Begegnung zwischen Hannes und Uropa Kurt.

Mit Michel auf meinem Arm betrat ich die Kirche. Seine Augen wanderten hin und her. Ich konnte sehen, wie es in ihm arbeitet und er die nicht alltägliche Atmosphäre für sich richtig einordnet. Ganz genau beobachtete er, wie ein paar der vielen Menschen ein paar Tränchen vergossen.

„Man sieht die Sonne langsam untergehen und erschrickt doch, wenn es plötzlich dunkel wird" – der ausgewählte Trauerspruch von Franz Kafka passte ziemlich gut.

Ganz ruhig und andächtig lauschte Michel den Liedern und den Worten des Pfarrers. Bis seine Augen schließlich zufielen. Die Beisetzung verfolgte er schlafend und eng angeschmiegt auf meinem Arm. Damit half mir auch mein kleiner Sohn auf seine Weise.

Als Hannes nach dem Kindergarten zum Kaffeetrinken zu uns stieß, war die Trauer bei vielen schon zu großen Teilen der Erleichterung gewichen. Hannes sorgte noch auf seine Art für gute Stimmung. „Wenn man das so sagen kann, war das eine schöne Beerdigung", fasste mein Onkel Burkhard den Tag zum Abschied zusammen.

Hannes wollte es sich nicht nehmen lassen, Uropa Kurt noch einmal an seinem Grab zu besuchen. Diesmal hatte er nicht viele Fragen. Mit Blick auf das herrliche Wetter an diesem Tag sagte er nur: „Das hat der Uropa Kurt im Himmel aber ziemlich perfekt gemacht!"

Plötzlich im Homeoffice: „Das ist jetzt unser Büro, Mama!"

Hannes, 4 Jahre, Michel, 19 Monate

Wie schnell das alles ging: Raus aus dem Büro, ab nach Hause. Aber nicht, um freie Tage zu genießen. Sondern zum Arbeiten. Homeoffice. Wie viele in Zeiten von Corona.

Mein Alltag findet fürs Erste in den eigenen vier Wänden statt. Und der Alltag für Hannes, Michel und die Mama ruht. Kein Kindergarten mehr, keine Spielgruppe, kein Turnen. Nichts. Aber Kinder wären nicht Kinder, wenn sie sich nicht schnell auf neue Begebenheiten einstellen könnten.

„Entschuldigung, Papa! Ich habe verschlafen", begrüßt mich Hannes um 7.30 Uhr an meinem dritten Homeoffice-Tag. Ich bin schon seit einer Stunde mit Frühdienst-Aufgaben beschäftigt, und irgendwie ist es Hannes unangenehm, dass er zu spät ins Büro kommt. Ja, ins Büro. So heißt Michels Zimmer jetzt, weil ich mir hier meine Homeoffice-Ecke eingerichtet habe. Hat er der Mama auch schon zu verstehen gegeben.

Für Hannes steht fest: Er ist jetzt mein Kollege. In einer anderen Ecke hat er Mamas Spiele-Computer aus den 90er-Jahren aufgebaut, er trinkt aus meiner alten Tasse mit dem Zeitungslogo und telefonisch ist er über Spielzeughandy zu erreichen. Nicht falsch verstehen: Hannes akzeptiert, dass ich nicht mit ihm spielen kann, er nimmt seinen Job wirklich ernst und haut wild in seine Tasten.

Für mich macht es das leichter. Aus dem Großraumbüro bin ich eine dauerhafte Geräuschkulisse gewohnt. Auch Michel

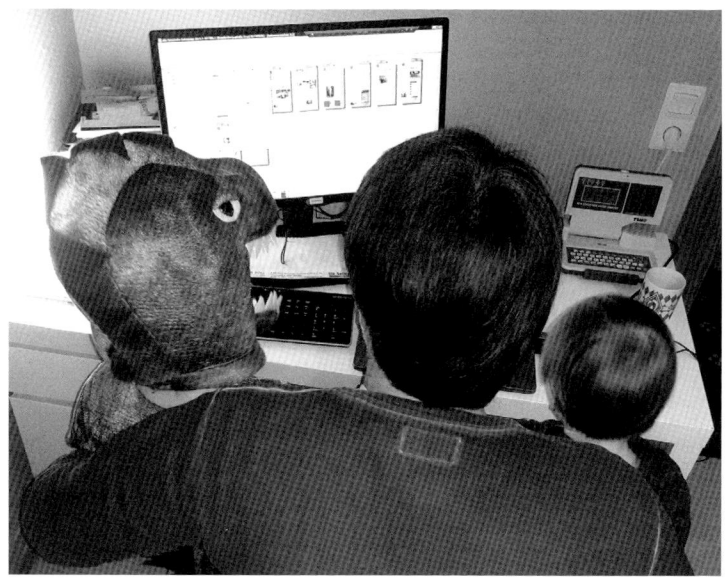

Ein Dino (Hannes), der Papa und Michel im Homeoffice. Es handelt sich um eine stark übertriebene Darstellung.

hilft dabei. Seine zum Teil hohen und lauten Frequenzen, die er beim Spielen erreicht, ersetzen die durchdringende Stimme meiner lieben Kollegin Simone eins zu eins.

Ein Höhepunkt für Hannes ist der morgendliche Anruf bei der Pressestelle der Polizei. „Haben die da Pistolen im Büro?", will er wissen. Das nicht, aber sehr viel Verständnis dafür, dass „Herr Freudenberg von der Zeitung" jetzt morgens nicht mehr alleine anruft. „Was machen Hannes und Michel?", ist die erste Frage der Polizei, noch bevor wir über den nächtlichen Motorradunfall sprechen. Die physische Distanz mag in diesen Tagen größer werden, die soziale Nähe nimmt dafür zu.

Im Gegensatz zu mir hat Hannes übrigens nur einen Zwei-Stunden-Tag. Irgendwann ist es für ihn einfach spannender, mit Michel Blödsinn zu machen, die Holzeisenbahn in seinem Zimmer aufzubauen oder einfach zu toben. So gerne ich dabei schon vor meinem Feierabend mitmachen würde, bin ich mir doch darüber im Klaren, wie privilegiert ich bin. Mit einer Frau, die sich noch in Elternzeit befindet, und einem großen Garten, der immer mehr zum Wohnzimmer wird. Und mit Hannes und Michel, die mir zwischendurch immer wieder Eis, Smoothies oder Kuchen bringen.

Allmählich könnte man von einem Corona-Alltag im Hause Freudenberg sprechen. Mit schöneren und nervigeren Momenten. Aber: Es könnte schlimmer sein!

Hannes deckt auf:
Eine Frage hätte er da noch …

Hannes, 4 Jahre, Michel, 19 Monate

Seit fast drei Jahren bin ich morgens der Erste aus der Redaktion, der bei der hiesigen Polizei anruft. „Hamse watt für mich?", frage ich die freundlichen Pressesprecher in aller Frühe. Und Stefan Weiand, Jan Battenberg oder Stefan Weitkämper berichten mir für eine erste Meldung auf unserer Homepage von der Automatensprengung in der Nacht oder dem schweren Verkehrsunfall, der für den langen Stau am Morgen verantwortlich ist. Manchmal heißt es aber auch: „Alles ruhig. Ich hab nix für Sie."

Bis vor Kurzem hab ich solch eine Aussage akzeptiert, noch einen angenehmen Tag gewünscht und aufgelegt. Seit ich aber – wie so viele in Zeiten von Corona – im Homeoffice arbeite, ist alles anders. Jetzt sitzt Hannes neben mir – und ich werde zu Columbo. „Eine Frage hätte ich da noch, Herr

Weitkämper", setze ich an und versuche zu rekapitulieren, was mir Hannes vor meinem Anruf bei der Polizei in allen Einzelheiten berichtet hat.

„Mein Kollege hat gehört, dass zwei Diebe eine Statue aus einem Museum gestohlen haben. Einer Polizeistreife soll später ein Wagen mit der Statue aufgefallen sein. Nach einer Verfolgungsjagd sei ein Dieb gefasst worden. Der andere konnte zunächst fliehen." – „Und dann hat die Polizei ihm ins Bein geschossen", mischt sich Hannes ein. „Können Sie das so bestätigen?", will ich von Herrn Weitkämper wissen. Und der spielt zum Glück mit. „Ja, da war letzte Nacht was im Klingenmuseum. Ich höre mal nach."

Hannes ist zufrieden. Ihm macht sein neuer Job als „Papas Kollege", wie er sich selbst nennt, richtig Spaß. Erst recht, seit ihm der Verleger persönlich einen Brief geschrieben hat, in dem er Hannes für seine Unterstützung dankt. Vor allem aber lag dem Brief ein Presseausweis bei. Liebevoll gebastelt und ausgestellt auf den Namen Hannes Freudenberg. Stolz stieg in Hannes' Augen hoch.

Für ihn ist sein Presseausweis aber auch Verpflichtung. Immer spektakulärer werden morgens seine Blaulicht-Geschichten, die er nachts im Traum recherchiert oder heimlich bei „Alarm für Cobra 11" gesehen haben muss.

„Eine Frage hätte ich da noch, Herr Weiand", setze ich am nächsten Morgen an. „Mein Kollege hat gehört, dass vergangene Nacht ein Monstertruck über einen Pkw gefahren ist und sich noch auf der Flucht befindet. Der Pkw soll in Flammen aufgegangen sein. Fahrer und Beifahrerin sollen sich schwer verletzt haben." – „Denen tat alles weh", mischt sich Hannes ein.

„Können Sie das so bestätigen?", will ich diesmal von Herrn Weiand wissen. Ganz Vollprofi, antwortet dieser: „Dazu kann ich aus ermittlungstaktischen Gründen derzeit leider noch keine Angaben machen."

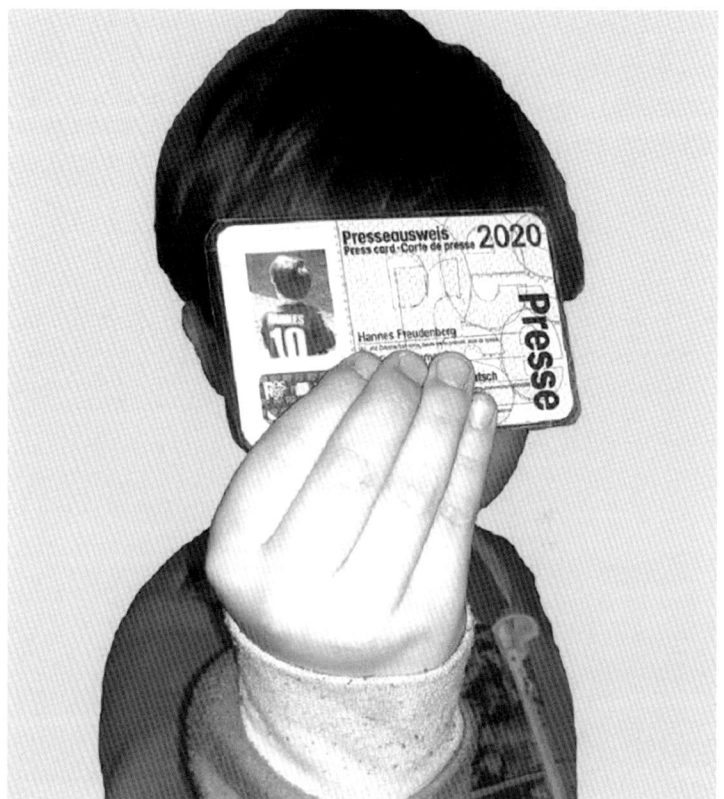

Sein Name ist Hannes. Und das ist sein Ausweis.

Hannes kommt aber auch ohne weitere Infos klar und hackt seine Blaulicht-Berichte geschwind in seinen Computer. „Stehen die Geschichten dann wirklich in der Zeitung?", will er von mir wissen. „Na klar", antworte ich – und löse mein Versprechen mit diesen Zeilen tatsächlich ein.

Und was macht Michel, während Papa und Hannes investigativ unterwegs sind? Nun, er lässt Dinge aus Hannes' Kinderzimmer mitgehen oder die Matchbox-Autos spektakulär verunfallen. Möglicherweise holt sich Hannes auch von ihm die Anregungen für seine Geschichten …

Warum mir Nemo plötzlich Pipi in die Augen treibt

Hannes, 4 Jahre, Michel, 20 Monate

Langeweile kennen Hannes und Michel eigentlich nicht. Sie leben nach der Maxime eines bekannten Baumarkts: Es gibt immer was zu tun.

Eines etwas trüberen Tages aber wissen beide nichts mit ihrer Zeit anzufangen. „Dann machen wir heute mal einen Kino-Nachmittag", schlage ich vor und blicke in vier erwartungsfrohe Augen.

Die Wahl fällt auf „Findet Nemo". Den 17 Jahre alten Disney-Animationsfilm um Clownfisch Nemo hatte ich in meiner Speisekammer der Erinnerungen als witzig, harmlos und – wegen der Unterwasserwelt im Ozean – als „bestimmt was für Hannes und Michel" abgespeichert. Noch dazu FSK 0. Das passt schon.

Hätte ich den Film allein mit Michel angesehen, wäre die Geschichte hier fast schon zu Ende. Dann hätte ich irgendwann nachgegeben, zu den Szenen mit den Haien vorgespult oder „Findet Nemo" doch lieber durch „Feuerwehrmann Sam" ersetzt.

Hannes aber ist von Anfang an total fasziniert von der Geschichte. Sie nimmt ihn regelrecht gefangen. Der Beginn des Films ist harte Kost. In den ersten Minuten fällt Mama Clownfisch nämlich einer Raubfischattacke zum Opfer. Zack, tot. So etwas gibt es in den Kinderserien, die Hannes sonst ab und zu mal schaut, nicht. Er ist erschüttert.

„Ist sie echt tot?", will er immer wieder wissen. „Kommt sie wirklich nicht mehr zurück?", fragt er ungläubig. Und ich frage mich mit Kloß im Hals und einem immer näher an mich heranrückenden Hannes im Arm, ob ich die richtige Filmauswahl getroffen habe. Für Hannes – und auch für mich.

Spätestens das väterliche Clownfisch-Versprechen, sein einzig verbliebenes Kind Nemo immer zu beschützen, treibt mir das Pipi in die Augen. Und ich kann mich wirklich nicht daran erinnern, jemals bei einem Film geweint zu haben. Michel reißt mich zum Glück in die Realität zurück. „Hai! Hai!", ruft er immer wieder. Er will kein sentimentales Zeugs sehen. Er will Action. Als die ausbleibt, geht er lieber mit Mama spielen.

Vor Hannes und mir liegen aber noch gut 90 dramatische Minuten. „Neeeiiin!", schreit Hannes, als Nemo von einem Taucher eingefangen wird. „Pass auf!", warnt er lautstark, als ein Wal mit offenem Mund auf Papa Clownfisch zuschwimmt. „Das schaffst du", feuert er Nemo an, als der sich aus dem Saugfilter des Aquariums befreien will.

Ich bin zwar kein ausgewiesener Cineast, weiß aber sehr wohl, dass in Disneyfilmen am Ende alles gut ausgeht. Hannes weiß das noch nicht. Ich kann ihm noch so oft versichern, dass Papa und Nemo wieder zueinander finden werden – der Film bleibt für ihn eine Nervenprobe.

Weil es zwischendurch auch immer wieder lustige Momente gibt, wird es für uns aber doch noch ein richtig schönes Kino-Erlebnis im Wohnzimmer. Als Nemo und sein Papa sich endlich in die Arme schließen, springt Hannes auf, jubelt und applaudiert. Nass geschwitzt ist er, aber glücklich.

Dass es mit „Findet Dorie" auch einen zweiten Teil gibt, habe ich ihm noch nicht erzählt. Erst muss ich meine Tränen trocknen …

Michels Wortschatz ist explodiert

Hannes, 4 Jahre, Michel, 21 Monate

Ich trödel ja selbst gerne rum. Aber manchmal bummeln Hannes und Michel sogar mir zu sehr. Dann übernehme ich die Antreiber-Rolle von der Mama und sage Sätze wie: „So Kinder, wer möchte denn jetzt mal frühstücken?" Oder: „Wer putzt sich denn heute als Erster die Zähne?" Michels Konter sitzt: „Du!", antwortet er wie aus der Pistole geschossen. Und alle müssen lachen.

Durch unsere Reaktion wird er natürlich darin bestärkt, immer wieder mit „Du" zu antworten. Bis er die Sache mit den Personalpronomen allerdings richtig versteht, dauert es noch eine Weile. Hab ich gedacht. Anderntags antwortet er aber plötzlich auf meine Frage „Wer möchte ein Eis zum Nachtisch?" mit „Ich!".

Ungläubiges Staunen bei der Mama und mir eingedenk dieses sprachlichen Fortschritts. Hannes sorgt sich dagegen um sein Eis. „Nein, ich!", erwidert er. Und wird vom kleinen Bruder erneut übertrumpft: „Nein, ich. Michel!" Kein Zweifel: Mit „Ich" meinte er tatsächlich sich selbst. Junge, Junge, mein Junge!

Michels Sprachentwicklung hat in den vergangenen Wochen richtig Fahrt aufgenommen. Sein Wortschatz ist förmlich explodiert. Liegt vielleicht auch daran, dass er corona-bedingt unheimlich viel Zeit mit „Haja", wie Michel seinen großen Bruder nennt, verbringt und viel von ihm übernimmt.

Aus dem Kindergarten hat Hannes zum Beispiel den schönen Ausdruck „Alter Schwedel" mitgebracht. Ja, mit „L" am Ende, das lässt er sich nicht wegdiskutieren. Michel hat die-

Nicht nur Michels Wortschatz, auch das Gemüse im Gewächshaus wird immer größer.

se Redewendung längst verinnerlicht. Irgendetwas total Aufregendes muss passiert sein, wenn er sie benutzt. Das weiß ich schon. „Papa, Papa! Alter Schwedel!", empfängt er mich nach der Arbeit im Garten und zieht mich zum Gewächshaus. Und wirklich: krass! Die Kresse ist ein ganzes Stück gewachsen. „Alter Schwedel!", bestätige ich ihn und schiebe noch ein „Mein lieber Kokoschinksi" hinterher, um mein Erstaunen zu unterstreichen und ihm eine noch anspruchsvollere Alternative ans Herz zu legen.

Auch beim anschließenden Wettrennen gegen meine beiden Söhne staune ich über Michels Ansagen, als alle ihre Startposition eingenommen haben. „Auffi, fetti, looos!", ruft er. Weil auch Michel selbst losrennt, verstehe ich es als „Auf die Plätze, fertig, los!" und nicht als ein an mich gerichtetes „Auf, Fetti, los!", was nach zehnwöchiger Corona-Trägheit durchaus auch im Bereich des Möglichen wäre. Ich muss mich kaum noch anstrengen, Hannes gewinnen zu lassen. Michel kommt abgeschlagen, aber glücklich als Dritter ins Ziel. „Wonnen!" – also „gewonnen" – jubelt er.

„Mal!", fordert Michel und meint: „Noch mal!" Das Weglassen der Vorsilbe gefällt Hannes so sehr, dass er das Wort von Michel übernommen hat. Auch er fordert: „Mal!" Noch ein Schluck „Wawa" für alle und es heißt wieder: „Auffi, fetti, looos!" Diesmal habe ich die Nase vorn, aber Michel kommt wieder glücklich als Dritter ins Ziel und jubelt: „Wonnen!"

So geht es noch ein paar Runden weiter, bis Michel genug hat. „Satt", sagt er schließlich. Was in diesem Fall nicht heißt, dass er nicht mehr hungrig ist, sondern dass er kein Bedürfnis mehr nach Laufen hat. „Satt" kann er aber auch beim Zähneputzen oder Puzzeln sein. „Satt" ist für Michel ein universell einsetzbarer Begriff, um eine Sache zu beenden.

Also gut, gehen wir mal wieder rein. „Wer möchte denn jetzt abendessen?", frage ich. „Iiich!", rufen beide zeitgleich. Und Michel fügt mit einem Grinsen leise hinzu: „Sammen!"

Wir hätten noch Stunden auf Opas Dachboden verbringen können

Hannes, 4 Jahre, Michel, 22 Monate

Mein ganzes Leben lang war der Dachboden für mich tabu. „Da fällst du durch", warnte mich mein Vater immer. Nur er kenne den sicheren Weg zwischen Rigipsplatten, Brettern und Holzbalken. Dabei übte dieser dunkle Ort schon als ich ein Kind war immer einen großen Reiz auf mich aus. Lagerten da doch zum Beispiel eine alte Märklin-Eisenbahn, Super-8-Filme und die Koffer, die unter lautem Stöhnen meines Vaters immer nur bei Urlauben herunterbugsiert wurden.

Seit etlichen Jahren hat auch mein altes Zeugs dort oben auf dem Dachboden meiner Eltern Patina angesetzt. „Richtig coole Sachen liegen da noch von mir", erzählte ich Hannes und musste ihn nicht überzeugen, seinen Opa beim nächsten Besuch darum zu bitten, die Leiter aus der Garage zu holen, um auf den Speicher zu kraxeln. Denn auch Hannes fand diesen geheimen Ort, der nur mit einer Leiter zu erreichen ist, schon immer faszinierend. Und weil ein Opa seinem Enkelkind prinzipiell nichts abschlagen kann, zog er sich die Bollerbuxe an und mit Hannes von dannen.

Als ich oben ankam, wurde ich überrascht: „Komm, geh du hoch!", erfüllte der an der Schulter lädierte Vater seinem knapp 40 Jahre alten Sohn einen Kindheitstraum. „Auf der linken Seite kannst du nicht durchkrachen." Hätte ich das schon früher gewusst …

Was mich bei tropischer Hitze im Dunkeln erwartete, war nicht weniger als eine Reise in meine Vergangenheit. Erin-

„Nimm et mit!" Opa kontrolliert Hannes' und Papas Besuch auf dem Dachboden.

nerungen in jedem einzelnen Karton. Unter anderem Panini-Alben aus den 80er-Jahren, Formel-Eins-Modellautos, Natur- und Sportbücher, eine Biografie über David Hasselhoff und jede Menge Eisenbahnzubehör.

Ich bekam fast gar nicht mit, dass auch Hannes auf den Dachboden klettern durfte. Mit vier Jahren! „Boah, ist das cool", freute er sich und leuchtete mit seiner Taschenlampe in der Hand wirklich jeden Winkel aus. „Hier bleiben wir!"

In der Tat hätte ich noch Stunden hier verbringen können. Meinem Vater war aber daran gelegen, die Kartons loszuwerden. „Nimm et mit!", trieb er mich minütlich an, wenn ich mal wieder von einem Fundstück schwärmte. So wie er es immer sagt, wenn ich in meinem Elternhaus irgendwas von früher in den Händen halte: „Nimm et mit!"

Wir nahmen fast alles mit. Die Folge: Hannes ist jetzt ein bisschen aus der Zeit gefallen. Beim Fußballspielen ist er manchmal Rudi Völler, bei Wettrennen mit dem Rad Michael Schumacher. Oder Knight Rider. Michel stürzte sich zu Hause gleich auf den alten Märklin-Lokschuppen und schaffte das, was weder dem Opa in den 50er- noch dem Papa in den 80er-Jahren gelungen war: Er brach eine Tür ab.

Und die Mama? Der gelang es auf wundersame Weise, all meine wunderbaren Erinnerungen in unserer Wohnung zu verstauen. Weil Mamas das irgendwie immer schaffen.

Ein paar Tage später waren wir bei ihren Eltern zu Besuch. Nicht auf dem Dachboden, dafür aber in der Garage. Diesmal ging es mit einem weiteren Schwung an Büchern und Inline-Skates im Gepäck nach Hause. Und vor dem nächsten Besuch bei Oma und Opa sag ich Hannes, dass da auch noch eine Tischtennisplatte steht …

Meine Sprüche kommen mir irgendwie bekannt vor

Hannes, 4 Jahre, Michel, 22 Monate

Hannes und Michel haben sich sehr gerne und lieb, streiten aber auch liebend gerne. Das ist normal, sie sind Brüder. Immer häufiger stelle ich fest, dass Hannes mit Michel genauso schimpft wie ich mit ihm oder Michel. „Jetzt ist aber Feierabend", weist er seinen kleinen Bruder zurecht, als der mal wieder seine Lieblingsmusik ausschaltet – und er klingt dabei exakt wie sein Papa.

Hannes geht es da nicht anders als mir. Auch ich ertappe mich immer wieder dabei, die alten Sprüche, Weisheiten und Formulierungen meiner Eltern anzuwenden. Aus den Tiefen meines Unterbewusstseins kommen sie vermehrt an die Oberfläche, seit ich selbst Kinder habe. „Zähne putzen, umziehen, ab ins Bett!", wünsche ich mir abends, wenn der Zeiger der Uhr schon viel zu weit fortgeschritten ist und die übermüdeten Jungs allmählich anfangen, ihrem übermüdeten Papa auf selbigen zu gehen.

Das klappt nicht immer reibungslos, weshalb ich Hannes an manchen Abenden fortan mit „Mein lieber Freund" anrede und Michel fortwährend mit „Es reicht jetzt" maßregele. Beliebt ist auch das „Erde an Hannes, bitte melden!", wenn mal wieder so gar keine Reaktion kommt. Kritische Nachfragen wie „Warum?" beantworte ich zu vorgerückter Stunde gerne mit der dämlichsten aller Antworten: „Weil ich es sage." Fürs Protokoll: Es gibt aber auch sehr viele Abende, an denen wir alle sehr entspannt den Tag Revue passieren lassen, Pläne schmieden und entspannt wegschlummern.

Viele Sätze, die mir selbst noch von früher in den Ohren klingen, fallen am Esstisch. „Probier doch erst mal, dann kannst du immer noch sagen, dass es dir nicht schmeckt", hab ich als Kind so oft gehört und meistens ignoriert. Warum ärgert es mich, dass Hannes genauso stur is(s)t? Dass ein „Iss langsam!" bei Michel nicht ankommt, wenn man selbst der Typ „Schlinger" ist, verwundert eigentlich auch nicht. Und dass von dem, was auf dem Teller liegt, „noch mindestens drei Spatzen satt werden", hat mich als Kind auch nicht beeindruckt.

Den Spruch „Auf den Tisch, da kommt der Kuchen, da ha'm die Füße nichts zu suchen", hat die Mama eingeführt. Kannte ich noch nicht. Der Reim bringt Michel jedenfalls zum Lachen und die Füße wieder in die richtige Position.

Was ich bei mir auch feststelle: Ich neige zur Übertreibung, seit ich Kinder habe. „Michel schleppt gerade wieder 'n halben Sandkasten mit in die Wohnung", erzähle ich meiner Mutter am Telefon, wie sie es früher erzählt hat, wenn ich mir nach dem Spielen im Garten nicht die Schuhe ausgezogen habe.

Bis vor Kurzem dachte ich übrigens auch noch, dass ich sofort tot umkippe, wenn ich mir Vogelbeeren in den Mund stopfen würde, denn: „Von Vogelbeeren stirbt man!" Ich habe recherchiert: Tut man gar nicht – essen sollten Kinder sie trotzdem nicht, weshalb ich diese Weisheit auch schon weitergegeben habe.

Denn jetzt bin ich es, der sich um seine Kinder sorgt und sie nach bestem Wissen erziehen will. Und dieses Wissen habe ich nun mal von meinen Eltern mitbekommen. Die Sprüche werden bei Hannes und Michel sicher noch häufiger dazu führen, dass sie die Augen verdrehen. Aber sie wissen auch schon: „Nicht schielen, sonst bleiben die Augen stehen!"

Mit Waldorf und Statler auf der Rückbank auf großer Fahrt

Hannes, 4 Jahre, Michel, 23 Monate

Autofahrten waren lange Zeit die verdammte Hölle. Erst wegen Hannes, dann wegen Michel. Beide haben sich in ihrem ersten Lebensjahr weggeschrien, sobald der Wagen rollte. Andere Eltern bringen ihre Kinder durch Autofahrten zum Schlafen, unsere Kinder brachten ihre Eltern zum Verzweifeln. Doch diese Zeiten sind vorbei. Zumindest kürzere Strecken, zum Beispiel zu den Omas und Opas in die Nachbarstadt, sind mit beiden mittlerweile richtig unterhaltsam.

Wie Waldorf und Statler aus der Muppet Show geben sie von der Rückbank aus ihre Kommentare ab zu allem, was hinter der Fensterscheibe an ihnen vorbeizieht. Obwohl das nicht ganz korrekt ist, denn Hannes fährt sein Fenster gerne nach kurzer Fahrtzeit schon runter: „Ich brauch frische Luft." Michel braucht die dann selbstverständlich auch. Also fahre ich auch sein Fenster runter. „Weiter", weist mich Michel an. „Weiter." Zufrieden ist er erst, wenn es ganz unten ist und Durchzug herrscht.

Das Besondere an der Sitzkonstellation auf der Rückbank ist, dass Hannes nach vorne guckt und Michel nach hinten. Sie haben sich also immer etwas zu erzählen. „Gleich kommt der Löwe, Michel", freut sich Hannes schon auf den Kreisverkehr mit der Raubkatzen-Skulptur. „Michel, warte! Gleich! Jeeetzt!" Sein kleiner Bruder hat aber gerade was ganz anderes vor Augen. „Motorrad, Hannes, da!"

So geht es hin und her. Jeder ist stolz, wenn er etwas entdeckt hat. Hat Michel ein geparktes Motorboot am Straßenrand bemerkt, gibt er uns das mit dem Zusatz „Michels Seite" kund. Fahren wir über eine Eisenbahnbrücke, sagt Hannes zu seinem Bruder: „Schienen, Michel, auf meiner Seite." Obwohl die Schienen natürlich auch auf Michels Seite nicht enden und dort genauso zu sehen sind. Beim Überqueren der Wupper, von beiden freudig mit lauten „Wuppaaa"-Rufen quittiert, ist es dasselbe.

Die Strecke zu den Großeltern ist den beiden Jungs schon so in Fleisch und Blut übergegangen, dass sie im Voraus wissen, was sie gleich erwartet. Es werden zum Beispiel Wetten abgeschlossen, ob der Geländewagen von Papas Kollegen vor der Tür steht – oder nicht. Oder wie viele Pferde heute auf der Weide zu sehen sind. Oder ob diesmal Schwäne auf der Talsperre schwimmen.

Was manchmal nervig, aber eigentlich ziemlich praktisch ist: Hannes entgeht kaum ein Verkehrsschild. „60, Papa!", ruft er von hinten und ich sehe, dass mein Tacho 75 zeigt. „Danke, Hannes!" Der tückische Blitzer an der Talsperre, der von Oma und Opa bereits schöne Fotos gemacht hat, wird bei mir keinen Erfolg haben, solange Hannes bei mir mitfährt. „Vorsicht, Papa!" Groß war die Freude bei Hannes, als wir neulich hinter einem Wagen herfuhren, der tatsächlich geblitzt wurde. „Der kann seinen Führerschein jetzt aber schön abgeben", vermutete Hannes.

Und wenn gerade mal nicht so viel zu sehen ist, bleiben ja immer noch die Kennzeichen der anderen Fahrzeuge. RS, SG und W sind sogar schon für Michel langweilig geworden. Und Hannes weiß längst, wofür EN, ME, GM, DO, K oder D stehen. Manchmal werden wir aber alle überrascht. „Was ist SLS?", wollte Hannes wissen. Ich musste passen. Sie wissen es auch nicht? Dann geht es Ihnen wie mir. Schauen Sie doch mal nach. Unsere Fahrt ging schließlich auch erst weiter, nachdem ich die Lösung gegoogelt hatte …

„Die müssten doch heute Abend todmüde ins Bett fallen …"

Hannes, 4 Jahre, Michel, 23 Monate

Früher fuhren wir zu „Vatta und Mutta", also zu meinen Eltern, oder zu „den Oldies", also zu ihren Eltern. Seit Hannes und Michel auf der Welt sind, verschwinden diese Bezeichnungen allmählich aus unserem Sprachgebrauch. Heute fahren wir zu „Omma und Oppa". Und bei diesen Zusammenkünften passiert viel mehr als früher. Ein Besuch im Zeitraffer …

11.15 Uhr: Mama packt Taschen mit Dingen, die man eben so braucht, wenn man mit zwei Kindern für längere Zeit irgendwo hinfährt. Hannes und Michel trödeln und lassen sich bitten, frische T-Shirts und Schuhe anzuziehen.

11.22 Uhr: „Los geht's", gibt Hannes das Startsignal. „Komm, Mama!", treibt Michel an. Denn irgendwann ist der Punkt gekommen, da muss es plötzlich ganz schnell gehen.

11.42 Uhr: Ankunft bei Oma und Opa. Fünf Minuten länger und Michel wäre im Auto eingeschlafen. Stattdessen ist er jetzt müde und hat keine Lust auf Konversation.

11.50 Uhr: Hannes dagegen stürmt in den Garten, begrüßt Opa mit High Five und entdeckt sofort das neue riesige Planschbecken im Garten.

11.53 Uhr: Hannes sitzt in der Badehose im Wasser. Wie schnell er sich umziehen kann.

11.55 Uhr: Oma und Opa werden zum ersten Mal von Hannes nass gespritzt. Kein Problem bei über 30 Grad.

Den Gartenschlauch muss Opa vor Hannes in Sicherheit bringen.

11.56 Uhr: Den Gartenschlauch bringt Opa dennoch lieber vor Hannes in Sicherheit.

12.07 Uhr: Michel guckt, schweigt und ruht sich aus.

12.20 Uhr: Ich habe beim Angelwettbewerb gegen Hannes keine Chance.

12.23 Uhr: Oma pendelt zwischen Küche, Treppenhaus und Garten. „Nun setz dich doch auch mal, Oma!"

12.25 Uhr: Opa schmeißt den Grill an, obwohl dunkle Wolken aufziehen.

12.30 Uhr: „Dat gibt höchstens 'n kleinen Schauer", ruft der Nachbar vom Balkon.

12.33 Uhr: Oma hat alle Beilagen und das Lammfilet geholt. Ich habe Hunger.

12.35 Uhr: Es regnet. Nein, es schüttet aus Eimern. Ich verstecke mich mit Hannes unter einem großen Handtuch. „Wir haben den besten Platz, Papa", freut er sich. Die anderen kauern unter den Sonnenschirmen. Michel guckt verwirrt, wird aber langsam munterer.

12.44 Uhr: Opa sagt den Satz, der in diesen Situationen immer gesagt wird: „Da hinten wird es schon wieder hell."

12.50 Uhr: Es ist hell. Aber immer noch da hinten.

13.03 Uhr: Der Regen hat aufgehört, alles ist nass. Ich habe großen Hunger.

13.10 Uhr: Opa bietet mir ein trockenes Bayern-Trikot im Tausch gegen mein nasses T-Shirt an. Ich lehne ab.

13.15 Uhr: Wir sitzen auf Handtüchern. Egal. Das Essen schmeckt fantastisch. Endlich genießen.

13.20 Uhr: Die Kinder sind satt. Hannes will schaukeln, Michel mit dem Bobbycar fahren. Die Mama erbarmt sich und unterbricht ihr Essen. Wenig später löse ich sie ab.

13.45 Uhr: Oma lockt die Kinder mit einem Eis wieder an den Tisch.

14.10 Uhr: Hannes fordert Opa zum Fußballspielen heraus und ist gleichzeitig Schiedsrichter. Opa hat keine Chance, auch wenn er seine alten Tricks auspackt.

14.32 Uhr: Michel macht Oma mit den Spritztieren nass.

14.45 Uhr: Hannes unterstützt ihn. Er hat den Gartenschlauch entdeckt.

15.15 Uhr: Alle sind pitschnass, aber zufrieden.

15.40 Uhr: „Die müssten doch eigentlich heute Abend todmüde ins Bett fallen", sagt die Oma, als wir ins Auto steigen.

20 Uhr: Hannes und Michel finden kein Ende. Todmüde sind nur wir. Und Oma und Opa.

Schau Hair:
In Gunnhaar's Friseursalon hairrscht Haarmonie

Hannes, 4 Jahre, Michel, 2 Jahre

Ich gehe nicht gerne zum Friseur. Früher nicht – und heute auch noch nicht. Weil ich nicht gerne an mir rumschnippeln lasse. Weil ich nicht über belanglose Sachen quatschen möchte. Und weil ich jedes Mal stocke, wenn man mir die Frage stellt, wie meine Haare denn diesmal geschnitten werden sollen. „Wie immer halt. Stück kürzer. Ohren nicht ganz frei", stammel ich dann rum.

Kein Wunder, dass ich seit fast 40 Jahren dieselbe Frisur trage. Und irgendwie nicht verwunderlich, dass auch Hannes dem Haareschneiden nichts abgewinnen kann und seinen ersten Friseurbesuch immer wieder nach hinten schiebt. Obwohl sich die Mama bislang als ziemlich talentierte Amateur-Friseurin präsentiert hat, bedarf es alle paar Wochen aufs Neue einer Menge Überredungskunst in Verbindung mit plumper Bestechung (Süßigkeiten und Fernsehen), bis sich Hannes bereiterklärt, sein Haar zu lassen. Nicht ungewöhnlich für einen Jungen in seinem Alter. Denn Haare hängen stark mit dem Identitätsgefühl zusammen. Und sich von Dingen zu trennen, die unmittelbar zu einem gehören, ist uncool.

Nun war es bei Hannes aber einfach mal wieder Zeit für ein Homefriseuring. Wie üblich stellt er seine Forderungen (Süßigkeiten und Fernsehen), ergänzt sie diesmal aber um eine weitere Bedingung: „Papa soll mir die Haare schneiden."

Und plötzlich stehe ich mit Schere in der Hand hinter meinem großen Sohn und blicke auf seine Matte. Ahnungslos und ehrfürchtig wie früher, wenn ich im Mathe-Unterricht an die Tafel gerufen wurde. Diesmal stelle ich selbst meine verhasste Frage: „Wie soll ich deine Haare denn schneiden?" Hilfreiche Antworten kommen von Hannes genauso wenig wie sonst von mir.

Also lege ich einfach los, klemme ein Haarbüschel zwischen Zeige- und Mittelfinger und schneide es ab. Wie ich das von echten Friseuren eben so kenne. „Willst du nicht erst mal an den Seiten anfangen?", fragt mich die Mama mit kritischem Blick. Klingt nach einem Plan. Vorsichtig versuche ich, die Koteletten sauber zu kürzen. Das geht ganz gut. „Aber die Schere ist zu kalt", meckert Hannes. Kein Problem, der Herr. Ich halte sie kurz unter warmes Wasser und weiter geht's.

Immer sicherer werde ich. Ungerade Stellen im Nackenbereich werden schnell begradigt. Der Pony ist wie von Zauberhand ein bisschen stufig geworden und sieht ganz gut aus. Am meisten Spaß macht mir aber die Ausdünnschere, für kleines Geld irgendwann mal im Discounter gekauft. Figaro Freudenberg schneidet und schneidet – und die Mama guckt längst nicht mehr so kritisch wie am Anfang.

Ich überlege bereits, mir beruflich ein zweites Standbein als Friseur aufzubauen. In Gedanken gehe ich schon lustige Namen für meinen Salon durch: „Gunnhaar's Haarmonie" zum Beispiel. Oder „Vorhair Nachhair".

Nach einer guten halben Stunde und ein bisschen Gel sind Hannes, die Mama und ich mit dem Ergebnis zufrieden. Und Michel offenbar auch. „Mir auch die Haare schneiden, Papa!", fordert er. Na klar! Jetzt bin ich gerade im Flow.

Das schönste Kompliment macht mir am nächsten Morgen die Kindergartenleiterin. „Wart ihr beim Friseur?", fragt sie Hannes und Michel. „Ja", bestätigt Hannes. „Bei Papa."

Diva, Torjäger, Musterprofi – und ich schwitze an der Seitenlinie

Hannes, 4 Jahre, Michel, 2 Jahre

Endlich rollt der Ball wieder. In der Bundesliga – und für Hannes in der Örtlichen Fußballschule. So nennt sich das Angebot für Kinder, die für die Bambini-Mannschaft noch zu jung sind. Im vergangenen Jahr hat Hannes schon ein paar Mal mittrainiert, bevor ihn eine Verletzung stoppte.

Jetzt ist er körperlich topfit und wirkt auf dem großen Kunstrasenplatz auch gar nicht mehr verloren. Vom täglichen Kicken mit Michel und Papa im Garten oder Wohnzimmer ist er außerdem am Ball viel besser geworden. Und seine neuen Fußballschuhe tun ein Übriges. Kurz gesagt: Hannes ist heiß und bereit fürs erste Training!

Auf dem Sportplatz ist von der Vorfreude aber nichts mehr zu spüren. Im Gegenteil: „Ich will nicht mitmachen", stellt Hannes klar. Und wenn er einmal auf stur gestellt hat, kann man bei ihm nicht viel ausrichten. Das wissen Mama und Papa. Das wissen die Großeltern und die Erzieher. Und das weiß jetzt auch sein neuer Trainer Julian.

Während Michel davon zurückgehalten werden muss, aufs Spielfeld zu rennen, schaut Hannes mit versteinertem Blick den Übungen seiner neuen Mitspieler von der Seitenlinie aus zu. „Ich bin viel schneller als die ", sagt er irgendwann. „Dann zeig es doch! Zeig der Welt, dass du besser bist!", versuche ich ihn auf Jogi-Löw-Art anzustacheln. Es stellt sich heraus, dass er vorher Angst hatte, er könne nicht mithalten. Beim Torschusstraining hat er diese Angst aber endgültig

Der Papa – an der Seitenlinie aktiver als Pep Guardiola.

verloren. Und als Coach Julian ruft „Jetzt machen wir ein Spiel", reißt sich Hannes seine Trainingsjacke vom Leib und sprintet aufs Feld. Wie Günter Netzer einst im Pokalfinale gegen Köln. Ich stehe an der Seitenlinie und schwitze. Hoffentlich hat er jetzt ein Erfolgserlebnis ...

Die Sorge ist unbegründet. Nach wenigen Sekunden gelingt Hannes ein Tor. Er reißt die Arme hoch und jubelt, als wäre er Weltmeister geworden. Kein affektierter Torjubel wie von den Instagram-Profis in der Bundesliga, sondern richtig ehrliche Freude. Sieben weitere Tore folgen. Ich freue mich mindestens genauso sehr und bin ein bisschen stolz auf diese kleine Diva. Nach dem Training ist auch Hannes euphorisch. „Ich hab das gemacht wie Pizarro", sagt er. „Der kommt doch auch immer spät ins Spiel und schießt dann Tore."

Bei den nächsten Trainingsstunden macht Hannes von Beginn an mit. Ich würde ihm jetzt keine Profikarriere prognostizieren, aber er ist schnell, hat einen richtig harten Schuss und ist vor dem Tor eiskalt. Und er lässt sich nicht so leicht von lauten Flugzeugen ablenken wie die anderen Kinder. Ein kleiner Musterprofi.

Ich stehe im Stile Pep Guardiolas zwischen den tötternden Müttern am Spielfeldrand und muss aufpassen, mich nicht zu sehr einzumischen. Ich bin eben voll dabei. Bis zur A-Jugend. Mindestens.

Unterhaltsame U-Untersuchungen: Zwei tolle Jungs kommen durch den TÜV

Hannes, 5 Jahre, Michel, 2 Jahre

Als ich noch meinen alten Renault Clio fuhr, war ich immer erleichtert, wenn er es irgendwie doch noch durch den TÜV geschafft hatte. Bei Hannes und Michel bin ich vor ihrer jährlichen Hauptuntersuchung, die bei ihnen eigentlich Vorsorge- oder U-Untersuchung heißt, nicht so nervös. Solange sie zeigen, was sie draufhaben, ist alles gut. Diesmal, und das war nicht immer so, hatten Michel (U 7) und Hannes (U 9) sogar richtig Lust, der Kinderärztin ihre Fähigkeiten unter Beweis zu stellen. Der Arztbesuch im Zeitraffer:

9 Uhr: Zur Begrüßung und Bestechung gibt es einen Lutscher für beide Jungs. „Ess ich später", sagt Hannes und beweist damit gleich zu Anfang Vernunft und Sozialkompetenz.

9.05 Uhr: Wegen Corona müssen die Jungs in unterschiedliche Zimmer. Michel geht mit Mama, ich begleite Hannes.

9.12 Uhr: Nach wenigen Augenblicken sind Hannes und die Kinderärztin bereits ins Gespräch vertieft. Dass sie Schalke-Fan ist, findet Hannes witzig. „Die haben 21 Spiele hintereinander nicht gewonnen", bohrt er in ihrer Wunde.

9.14 Uhr: Ein Zoo-Bilderbuch liegt vor Hannes ausgebreitet. „Weißt du, was das ist", fragt die Ärztin ihn und zeigt auf die Elefanten. „Hihi, ja klar", lacht Hannes ein wenig höhnisch. „Elefanten." Gut, dass er jetzt kein Referat über den Unterschied zwischen indischen und afrikanischen Elefanten hält. Das wäre doch ein bisschen zu schlaubergerisch.

9.17 Uhr: Im Buch ist ein trauriger Junge zu sehen. „Weißt du, warum er weint?", fragt die Ärztin. „Weil sein Papa ihm kein Eis gekauft hat", gibt Hannes die korrekte Antwort. „Bist du auch manchmal so sauer?", hakt sie nach. „Nein, Papa kauft mir eigentlich immer ein Eis."

9.18 Uhr: „Was ist denn dein Lieblingsessen?", wird er nun gefragt. Hannes überlegt lange und entscheidet sich für: „Obst und Gemüse". Die Ärztin zwinkert mir zu.

9.20 Uhr: Jetzt soll Hannes ihr einen Ball zurückschießen und bei jedem Schuss von zehn an runterzählen. Ich rate davon ab. Beim letzten Mal hat Hannes der Ärztin die Brille von der Nase geschossen. Sie erinnert sich. Der Ball wird geworfen.

9.21 Uhr: 3, 2, 1 – „Go", sagt Hannes. „Du kannst ja schon Englisch sprechen", staunt die Ärztin – und Hannes zählt noch mal auf Englisch bis zehn. „Wan, tu, zri, foa, feif, six, zewn, eyt, nein, ten."

9.25 Uhr: Die eigentliche Untersuchung lässt Hannes ganz cool über sich ergehen. Dass er sich von der U 2 bis zur U 7 weggeschrien hat, wenn man ihm in die Ohren gucken wollte, ist Schnee von gestern.

9.30 Uhr: Der „Pilotentest" steht an. Darauf hat sich Hannes schon gefreut. Die Arzthelferin gibt ihm Kopfhörer. Hannes muss drücken, wenn er ein Piepen hört. Klappt ohne Probleme. Doch plötzlich dringen Schreie aus dem Nebenzimmer durch die Kopfhörer an seine Ohren. „Das war aber jetzt Michel", stellt er nüchtern fest und liegt damit richtig. Die Kinderärztin hat Michel in die Ohren geschaut.

9.40 Uhr: Michel und Mama kommen zu uns ins Zimmer. Bis auf die Untersuchung an seinem Körper hat Michel super mitgemacht. „Ist das ein heißer Feger", charakterisiert ihn die Kinderärztin treffend und schließt auch Hannes ins Lob mit ein. „Zwei tolle Jungs haben Sie da." Geht runter wie Öl.

9.42 Uhr: Während sich Hannes noch in Ruhe seine Jacke anzieht, möchte Michel jetzt doch langsam mal nach Hause. „Ich bin fertig", sagt er in Richtung Ärztin und verschwindet um die Ecke.

Ente gut, alles gut? Warum wir für die Kinder doch lieber selbst kochen

Hannes, 5 Jahre, Michel, 2 Jahre

Wir bestellen uns nicht oft Essen nach Hause. Dazu kocht die Mama viel zu gut. Nur manchmal holen wir uns etwas von der Sushi-Bar nebenan oder ich bestelle Pizza, wenn ich mit den Jungs mal alleine bin. Im Lockdown war es uns jetzt aber ein Bedürfnis, die hiesige Gastronomie ein wenig zu unterstützen. Und noch dazu hatte ich einfach mal wieder richtig Bock auf Ente süßsauer.

Hannes lässt sich für die Idee, chinesisches Essen zu bestellen, sofort begeistern. Im Moment ist er beim Thema Essen wirklich sehr experimentierfreudig. Das liegt vielleicht an seinem Buch „Wir reisen um die Welt", in dem es auch um die verschiedenen Essgewohnheiten der Kulturen geht. „Wir könnten doch auch mal Frösche essen wie die Menschen in Frankreich", schlägt er vor.

Zum Glück klingelt es, noch bevor ich antworten kann. Hannes und Michel stürmen zur Tür und öffnen sie. „Pizza!", ruft Michel freudig, denn der Fahrer, der uns heute das chinesische Essen bringt, liefert sonst die Pizza. Ein bisschen enttäuscht blickt Michel drein, als wir die Nummern 42, 46, M 6, das Kindermenü 153 und die Gratis-Frühlingsrolle auspacken. „Was ist das?", fragt er mit Blick auf das opulente Büffet auf unserem Esstisch. Wir dürfen ihm ein bisschen Reis, Hühnerbrustfilet und süßsaure Soße auf seinen Teller packen. Und gebratene Nudeln. „Ah, Spaghetti", freut er sich.

Hannes möchte sich mit den Beilagen gar nicht erst aufhalten und konzentriert sich voll auf seine Ente süßsauer. Er startet recht forsch und scheint ganz angetan. Dann aber fragt auch er: „Was ist das?" Die knusprige Haut, das Beste an der Ente, mag er nicht. Michel ist mit seinen „Spaghetti" auch nicht zufrieden. Jede Sojasprosse pult er raus. Auch die Panade an seinem Hähnchen schmeckt ihm nicht. Er gibt auf, verlässt den Esstisch und isst sich am Nachmittag an Äpfeln satt.

Ich kann nicht mehr mitansehen, wie Hannes in seiner Ente rumstochert und biete ihm Alternativen an. Er entscheidet sich für ein Mettbrötchen. Genüsslich futtert er auch noch ein zweites hinterher. Und am Abend noch ein drittes. Wenigstens der Mama und mir hat es geschmeckt. Ich freue mich sogar noch über die Reste und mische die übrig gebliebene knusprige Entenhaut unter Michels Sojasprossen. Ente gut, alles gut!

Immerhin probiert haben sie beide. Meine Oma Ilse, Gott hab sie selig, lebte 80 Jahre lang nach dem Motto: „Wat der Bur nit kennt, frett he nit." Dann entdeckte sie plötzlich das chinesische Restaurant um die Ecke und lud fortan nur noch dorthin ein. Vielleicht dauert es bei Hannes und Michel auch noch länger, bis sie mehr als acht Kostbarkeiten genießen können. Es gibt da ja noch so viel zu entdecken. Nur Frösche müssen nicht auf dem Teller landen, wenn es nach mir geht.

Bei Michel muss die Welt in bester Ordnung sein

Hannes, 5 Jahre, Michel, 2 Jahre

Kennen Sie den Schweizer Aktionskünstler Ursus Wehrli? Mit seinem Projekt „Die Kunst, aufzuräumen" gelang ihm der internationale Durchbruch. Er ordnete die Nudeln einer Buchstabensuppe nach dem Alphabet oder sortierte die Autos auf einem Parkplatz nach Farben und stellte sie in Reih und Glied auf.

Das, was Michel seit einigen Wochen macht, könnte man demzufolge auch als Kunst bezeichnen. Nichts in unserer Wohnung ist davor sicher, von ihm sortiert zu werden.

Natürlich gehört das zur Entwicklung dazu. Beim Sortieren werden viele Gehirnzellen aktiviert und logische Schlüsse gezogen. Ein wichtiges Training für die Auge-Hand-Koordination und die Entwicklung des räumlichen und logischen Denkens. Aber Michel übertreibt im Moment ein wenig.

In aller Seelenruhe nahm er neulich die Pommes von seinem Teller und reihte sie auf dem Tisch auf. Erst dann fand eine Fritte nach der anderen den Weg in seinen Mund. Auch die

Am liebsten mag Michel Pommes, wenn er sie vorher aufgereiht hat.

Figuren der Krippe, die wir in diesem Jahr früher als sonst aufgestellt haben, stellte Michel in Reihe auf. Mit stehendem Jesuskind.

„Eins, eins, eins machen", nennt Michel das, wenn er Dinge sortiert. Hannes mag es gar nicht, wenn Michel Ordnung in sein kreatives Chaos im Kinderzimmer bringt. „Ich will nicht, dass du immer eins, eins, eins machst", beschwert er sich lautstark bei seinem kleinen Bruder. Und dann muss ich für Ordnung sorgen ...

Wenn Mama es nicht reparieren kann, kann es keiner

Hannes, 5 Jahre, Michel, 2 Jahre

„Mamaaa!" Zielstrebig rennt Hannes an mir vorbei ins Wohnzimmer. „Mama, der Zug fährt schon wieder nicht. Kannst du ihn bitte reparieren?" Natürlich kann sie!

Dass ihm vielleicht auch sein Papa hätte helfen können, auf diese Idee war Hannes nicht gekommen. Wenn es darum geht, Spielzeug zu reparieren, gilt bei uns der Satz: „Wenn Mama es nicht reparieren kann, kann es keiner." An Papa denkt da niemand. Nicht anders ist es, wenn Schränke aufgebaut, Dübel in die Wand gesetzt oder technische Geräte angeschlossen werden müssen. Ohne das groß thematisiert zu haben, sind Hannes und Michel längst selbst auf den Trichter gekommen, dass ihr Papa zwei bis drei linke Hände hat.

Ganz anders die Mama. Der Werbespruch eines Baumarktes scheint für sie erfunden worden zu sein: Mach es zu Deinem Projekt! Wir ergänzen uns da ziemlich gut. Während ich Veränderungen scheue und unsere Wohnung wahrscheinlich immer noch so aussehen würde wie kurz nach unserem Einzug, erkennt sie überall Optimierungspotenzial und packt an.

Weil ich Michel mit meinem Corona-Homeoffice zum Beispiel mehr oder weniger aus seinem Kinderzimmer verdrängt habe, gab es kürzlich einen Zimmerwechsel. Das große Bett musste abgebaut und im anderen Zimmer wieder aufgebaut werden. Der blanke Horror für mich, für die Mama kein Problem. Sie packt an, ich steh im Weg. Wobei das so auch nicht stimmt. Ich bringe andere Stärken mit ein. Ziehen Freunde um, bin ich immer derjenige, der schwere Sachen schleppt und mit blöden Sprüchen für gute Stimmung sorgt.

Zu Hause ist es nicht anders. Vor dem Bettenwechsel drücke ich Hannes und Michel ihre Spielzeug-Schraubendreher in die Hand und rufe wie Bob, der Baumeister: „Können wir das schaffen?" Und sie antworten: „Jo, wir schaffen das." Dann schrauben wir drei Männer ein bisschen alibimäßig rum und erfreuen uns an den lange vergessenen Dingen, die unter dem Bett lagern. Und während wir eine Runde Tipp-Kick spielen, hat die Mama das Bett im anderen Zimmer längst aufgebaut.

Sogar mein Vater, handwerklich viel geschickter als ich, nutzt inzwischen schon das Know-how meiner Frau. Sein Notebook ließ er von seiner Schwiegertochter einrichten. Früher war das mal meine Aufgabe. Aber mein Ruf ist eben ruiniert. Spätestens seit Muttertag in diesem Jahr. Wegen der coronabedingten Schließung konnten im Kindergarten keine Geschenke für die Mamas gebastelt werden. Also lag in unserem Briefkasten ein Bastelset mit einer Anleitung für eine Papptasse. Hannes und ich bekamen es nicht hin, die Mama musste sich die Tasse selbst basteln.

Zum Geburtstag müssen wir uns deshalb in diesem Jahr ein ganz besonderes Geschenk für die Supermama ausdenken. Vermutlich aber nicht selbst gebastelt.

Die Haare duften nach Abenteuer – vor und nach dem Waschen

Hannes, 5 Jahre, Michel, 2 Jahre

Endlich sind die Tage wieder länger und manchmal sogar schon angenehm mild. Endlich müssen Hannes und Michel nicht mehr drei bis fünf Lagen tragen, um draußen toben zu können. Und endlich kehren sie abends wieder mit dreckigen Händen und grünen Knien vom Garten zurück in die Wohnung.

Baden ist da Pflichtprogramm. In anderen Familien mag die Zeit in der Wanne die ruhigere Phase am Abend einläuten – bei uns ist das nicht so. Denn Hannes und Michel toben einfach weiter. Vor jedem Bad schmeißen sie das halbe Kinderzimmer ins Wasser, bis die Wanne so voll mit Spielzeug ist wie die Nordsee bei einer Quallenplage. Autos, Boote, Feuerwehrmann-Sam-Figuren, Dinosaurier, leere Wasserflaschen und Spritztiere verschwinden im Schaum und warten auf ihre Einsätze.

Der Dreck am Körper verschwindet beim Spielen in der Wanne ganz nebenbei. Nur die Haare waschen sich nicht von alleine. Leider. Lange Zeit war es so, dass man bei uns vom Geräuschpegel her nicht unterscheiden konnte, ob die Kreissäge läuft oder wir Hannes die Haare waschen.

Von der Notwendigkeit der Haarpflege ist er auch heute noch nicht vollends überzeugt. „Bitte nicht waschen, Papa", bittet er mich nach einem langen und aufregenden Nachmittag im Garten. „Meine Haare duften so schön nach Abenteuer."

Diese Poesie in seinen Worten hätte es eigentlich verdient, dass ich ihn in Ruhe lasse – die Blätter in seinen Haaren lassen mir aber keine Wahl. Ziemlich souverän legt Hannes seinen Kopf in den Nacken und einen Waschlappen übers Gesicht. Es dauert keine Minute und er kann wieder nach einem neuen Spielzeug im Schaum suchen.

Weiter geht's mit Michel. Bis vor Kurzem hat ihm die ganze Prozedur überhaupt nichts ausgemacht. Jetzt ist er beim Haarewaschen unsere neue Kreissäge. Eine noch lautere. Er will nicht! So gar nicht! Dabei hat er die Auswahl zwischen einem Fußball- und einem Dinosaurier-Shampoo, die beide milder sind als Lanzarote und Fuerteventura im Winter. Da brennt garantiert nichts im Auge.

Irgendwann lässt er sich seine Haare dann doch widerwillig einschäumen. Ich forme aus ihnen zwei lustige Hörner. „Guck mal, Michel. Jetzt siehst du aus wie eine Ziege." Hannes lacht sich kaputt, Michel fängt an zu weinen, als er sich im Spiegel sieht. Er will nur noch raus aus der Wanne.

Ich muss ihm aber noch die Haare ausspülen – der kritischste Moment! Wie bei einem Pflaster muss man sich entscheiden: schnell oder langsam? Ich bevorzuge schnell. Es bleibt keine Zeit mehr, den Schaum beiläufig beim Spielen auszuspülen. Die Kreissäge läuft schon wieder auf Hochtouren.

Beim Zubettgehen duften die Haare der beiden Jungs „fein", wie sogar Michel selbst feststellt. Für mich riechen sie immer noch nach Abenteuer. Und zwar nach einem echt aufregenden in der Wanne.

Der Wald ist für uns längst zum zweiten Wohnzimmer geworden

Hannes, 5 Jahre, Michel, 2 Jahre

Sie möchte nicht mehr spazieren gehen, ächzt die Kollegin. Sie möchte im Biergarten sitzen, ins Theater gehen oder einfach nur unbeschwert Zeit mit ihren Freunden verbringen. Aber um Himmels willen nicht mehr spazieren gehen.

Ich kann sie schon verstehen. Ein bisschen mehr Abwechslung in dieser Corona-Zeit würde uns allen guttun. Und trotzdem bin ich gerade ziemlich froh darüber, den Frühling im Bergischen wenigstens spazierend begrüßen zu dürfen. Und darüber, dass Hannes und Michel wirklich gerne Zeit im Wald verbringen. Der Wald ist für uns längst zum zweiten Wohnzimmer geworden. Allerdings nennen wir das „Spazierengehen" meistens anders. Wald-Safari, Abenteuer-Exkursion oder Gummistiefel-Tour klingt in den Ohren der Jungs irgendwie verlockender.

Meistens suchen wir uns eher unbekannte und nicht überlaufene Stellen in den bergischen Wäldern aus. Mein Opa Helmut war schließlich früher Wanderführer – und mir liegt's auch im Blut. Wenn nicht, sind da ja immer noch meine Frau und Google Maps auf ihrem Smartphone.

Oft fahren wir am Wochenende auch so früh los, dass sich Hase und Igel gerade erst gute Nacht gesagt haben. Das führt dann schon mal dazu, dass Michel völlig überrascht ist, wenn sich unsere Wege mit anderen Wanderern kreuzen. „Oh, ein Mensch!", rief er neulich erstaunt. Der angesprochene Mann fand es lustig und lächelte uns an. „Und sogar

Rein ins Wasser. Die Gummistiefel können noch so hoch sein – am Ende hat mindestens ein Kind immer nasse Füße.

ohne Maske. Sieht man ja nicht mehr so oft", erwiderte er. Wie recht er hat!

Ob Wald-Safari, Abenteuer-Exkursion oder Gummistiefel-Tour – es gibt Dinge, die sich bei jedem Ausflug wiederholen. Michel zum Beispiel erträgt es nicht, an einer Bank vorbeizugehen, ohne sich mindestens hingesetzt zu haben. Meistens schließt sich die Frage an: „Haben wir Obst mitgenommen?" Haben wir meistens. Dank Papa sogar häufig in Form von Fruchtgummi.

Hannes ist weniger der Typ Jäger, dafür aber Sammler. Am liebsten sammelt er Stöcke. Für ihn sind es Fossilien, die unbedingt, wirklich unbedingt, mit nach Hause genommen werden müssen. Nur selber tragen möchte er sie nicht. Dafür ist Papa da. „Was machst du denn damit?", frage ich rhetorisch. „Die bleiben ja doch nur im Kofferraum liegen und du vergisst sie." Hannes streitet das natürlich ab und droht damit, seine gute Laune sofort einzustellen, sollte Papa die

Zusammenarbeit verweigern. Also gut, schleppe ich das Gehölz. Des Friedens im Walde wegen. Der Kofferraum quillt bald über.

Höhepunkt einer jeden Tour ist ein Halt am Wasser. Irgendwo rauscht im Bergischen ja immer ein Bach. Was nicht vorhersehbar ist: Welcher Sohn macht sich diesmal nass? Man kann noch so oft sagen „Geh nicht so tief rein, Michel!" oder „Pass auf, Hannes, die Steine sind rutschig!" – trocken kommen wir zu viert eigentlich nie zu Hause an.

Erholsam und gut für die Seele ist die Zeit im Wald aber immer. Und die Tatsache, dass Hannes und Michel jetzt mit Lauf- beziehungsweise Fahrrad vorfahren können, ermöglicht uns viel längere Strecken. An Stellen, die wir zu viert noch nie betreten haben.

Ein Jahr Homeoffice: Jeder Tag steckt voller Überraschungen

Hannes, 5 Jahre, Michel, 2 Jahre

Nach mehr als einem Jahr Pandemie ist das Phänomen Homeoffice für mich längst zur Normalität geworden. Ich habe mich daran gewöhnt, was es heißt, Büro und Privatleben unter einem Dach zu vereinen. Mit allen Vor- und Nachteilen. Für Hannes, Michel und meine Frau bin ich kein Gast im eigenen Zuhause mehr, sondern fest in ihrer Alltagswelt verankert. Routine hat sich eingeschlichen. Und doch steckt fast jeder Tag noch voller Überraschungen.

An einem perfekten Tag stehen Hannes und Michel morgens gut gelaunt auf, ich bringe Hannes bei Sonnenschein in den Kindergarten und beginne danach zu arbeiten. Nachmittags nutze ich meine Pause, um mit ihnen im Garten zu toben, und abends wird es bei mir und ihnen nicht allzu spät. Tatsächlich darf/soll/kann/muss Hannes im Moment mal wieder nicht in den Kindergarten, was automatisch zu einem höheren Lärmpegel in der Wohnung führt. Zumal das Wetter gerade auch nicht dazu einlädt, den ganzen Tag draußen zu verbringen.

Die Kollegen müssen also damit rechnen, dass bei Telefonaten im Hintergrund gelacht, geweint und gestritten wird. „Machst du die Tür hinter dir nie zu?", werde ich hin und wieder gefragt. Wenn ich antworte „Die ist zu", können sie es kaum glauben.

Am liebsten telefoniere ich mit der Kollegin, die zwei Töchter im selben Alter wie Hannes und Michel hat. Der Zufall will es, dass ich mit ihr aktuell beruflich viel zu bequatschen habe. Unsere Gespräche enden meistens mit einem „Ich ruf dich sofort zurück" – nachdem vorher Sätze fielen wie „Nein, ihr pflanzt die Kresse jetzt nicht alleine" oder „Nein, alles, was Batterien hat, darf nicht mit in die Badewanne".

Genau wie ich lässt dieselbe Kollegin bei Videokonferenzen ihre Kamera gerne ausgeschaltet. Nicht jeder muss die Stofftiere und Spielsachen im Hintergrund sehen. Oder mitkriegen, was die Kinder gerade anstellen. Denn natürlich springt meine Tür manchmal auf, ohne dass vorher angeklopft wird. Auch mein Mikrofon bleibt tendenziell lieber stumm. Müssen ja nicht alle mitkriegen, wenn Hannes auf einen Kollegen zeigt und mich fragt: „Wer ist das? Magst du den?"

Eine andere Kollegin, bei der er neulich spontan ans Telefon ging, kennt uns zum Glück ziemlich gut. „Mein Papa sitzt auf'm Klo und ka ...", log er sie an und lachte sich dabei ka-

Kurze Pause im Homeoffice: Mit Kissen, einem Radler (alkoholfrei) und ohne Kippe beobachte ich das Treiben unter meinem Fenster zum Hof.

putt. Und wir uns mit. Befreiende Momente im Homeoffice. Wenn mein Chef künftig anruft, lasse ich Hannes allerdings definitiv nicht rangehen.

Manchmal ist es in meinem Arbeitszimmer aber auch so ruhig, dass ich mich fast schon ausgeschlossen fühle vom Rest meiner Familie. Dann lehne ich mich mit einem Kissen bewaffnet aus dem Fenster und beobachte wehmütig, wie Michel mit dem Kettcar unter mir vorbeiflitzt oder Hannes an seiner Schusstechnik feilt.

So gerne ich jetzt meine Arbeit für mehr als zwei Minuten liegen lassen und schon vor meinem Feierabend mitmischen würde, ich bin mir doch darüber im Klaren, wie privilegiert ich bin. Hochachtung vor allen, die sich unter wesentlich schwierigeren Bedingungen auch noch um Homeschooling oder erkrankte Angehörige kümmern müssen.

Dass meine Frau mich jetzt gerade, während ich diese Zeilen schreibe, ins Bad ruft, um mir einen Wasserschaden zu zeigen, ist übrigens eine dieser Überraschungen, von denen ich eingangs sprach. Soll keiner sagen, im Homeoffice erlebt man nichts mehr.

In meinem Kopf ist kein Platz mehr für neue Namen

Hannes, 5 Jahre, Michel, 2 Jahre

Neulich lag mal wieder eine Danksagung in unserem Briefkasten. Ein süßes Baby namens Helena lachte mich an und bedankte sich für die Glückwünsche, Aufmerksamkeiten und Geschenke zu ihrer Geburt vor einem knappen halben Jahr. „Sehr gerne", antwortete ich im Stillen. „Aber: Wer bist du?"

Das Leben als 40-jähriger Familienvater bringt es mit sich, dass im Freundes-, Bekannten- und Verwandtenkreis unheimlich viele Kinder in Hannes' und Michels Alter ins Blickfeld treten. Und mir fällt es zunehmend schwerer, den Überblick zu behalten und den passenden Namen zum dazugehörigen Kind mit dessen ungefährem Alter parat zu haben.

So kommt es vor, dass mir meine Frau abends auf der Couch kundtut, dass Jona ja morgen Geburtstag habe. „Ach", geb' ich mich wissend. „Wie alt wird sie denn schon?" – „Der Jonah. Jonah mit H. Nicht von deiner Kollegin", sagt sie und glaubt, sie hilft mir damit weiter. „Von Melanie?!", ergänzt sie noch und schubst mich in die richtige Richtung. „Ah, ist der jetzt auch schon ein Jahr alt", stelle ich fest und muss mich wieder belehren lassen. „Nein, der wird drei. Das dritte Kind heißt Marie und ist noch kein Jahr alt." Ich erspare mir den Satz: „Wie, es gibt schon ein drittes Kind?"

Es ist aber auch wirklich nicht leicht: Neben Jona mit und ohne H heißt die Tochter meiner Cousine auch noch Jana. Der Jonah mit H einer weiteren Cousine ist kürzlich 18 geworden. Als ich ihn das letzte Mal, in einer Zeit vor Corona, bei einer Familienfeier traf, wusste ich nicht, wer der große, junge Mann ist. Ich hatte ihn noch als Zwölfjährigen abgespeichert. Dann gibt es noch Jona ohne H, den Freund meiner Nichte Jule. Und Jonathan aus dem Kindergarten. Er gehört neben Julian, Joshua und Jonas zu Hannes' besten Freunden. Vielleicht wäre Jannes der passendere Name für Hannes gewesen.

Die meisten Geschwister seiner Freunde besuchen inzwischen auch schon den Kindergarten. Was mich dazu bringt, in den Gesprächen mit den anderen Eltern komplett auf die Nennung von Namen zu verzichten: „Und, hat sich der Kleine schon eingelebt im Kindergarten?" Oder: „Bei den beiden alles gut so weit?"

Eigentlich ist mein Namensgedächtnis gar nicht so schlecht. Mir sind zum Beispiel Gregor Quasten, Roman Wojcicki und Walter Kelsch noch präsent. Die spielten in der Saison 1987/88 für den FC Homburg in der Fußball-Bundesliga-Saison und waren in meinem Panini-Sammelalbum. Spätestens wenn Michel in den Kindergarten kommt, bastle ich mir so ein Album auch mit unseren Freunden, Bekannten und Verwandten. Und natürlich auch mit Helena.

Ein großer Junge: Michel auf der Überholspur

Hannes, 5 Jahre, Michel, 2 Jahre

Im Auto blickt Michel jetzt nach vorne. „Ich sitze auf dem Große-Jungs-Sitz", sagt er. Geht es nach draußen, will er nur noch die „Große-Jungs-Jacke" anziehen. Und abends legt er sich zum Einschlafen neuerdings mit ins „Große-Jungs-Bett", um mit seinem großen Bruder und Papa noch zu lesen oder Blödsinn zu erzählen.

Im Schatten von Hannes' Wackelzahnpubertät drückt auch Michel aufs Gaspedal und befindet sich auf der Entwicklungsüberholspur. „Weil ich ein großer Junge bin", sagt er mehrmals am Tag. Er ist in einer entzückenden und lustigen Phase angekommen, in der es richtig Freude macht, Zeit mit ihm zu verbringen. „Ich bin drei", antwortet er allen, die ihn nach seinem Alter fragen. Das sagt er zwar nur, weil er die Zahl Zwei – genau wie Hannes früher – nicht aussprechen kann und deshalb überspringt, aber irgendwie kommt es schon hin.

Michel hat nun endgültig die Macht von Wörtern entdeckt und kommentiert fast alles, was um ihn herum passiert. Weil er es jetzt kann und es ihm Spaß macht, sich mitzuteilen. Er begreift, wie bestimmte Abläufe sein sollten, und ist empört, wenn sich andere nicht an die Regeln halten. „Du musst den Kühlschrank wieder zumachen, Papa!", schimpft er mit mir, wenn ich mir nur mal eben schnell ein Glas Milch einschenke.

Michel ist auch ein Meister der Planung. Für ihn unangenehme Dinge schiebt er gerne nach hinten. „Erst das Buch anschauen, dann die Zähne putzen, dann schlafen", stellt er abends klar. Wollen wir am Wochenende einen Ausflug star-

*Michel gibt nicht
nur auf dem Laufrad
Vollgas.*

ten, hätte er seinen Papa oft gern für sich allein. „Du bleibst
hier, Mama. Du kannst am Fenster winken", sagt er ihr.

Kinder erlernen die Sprache vor allem durch Nachahmung.
Sprachliche Fortschritte hängen also in erster Linie von der
Umgebung ab. Michel spricht daher manchmal mit uns wie
wir mit ihm. Möchte er einen Obstteller, unterstützt er seinen
Wunsch mit einem: „Komm, wir machen das!" Schlage ich
etwas vor, das ihm gefällt, lobt er mich: „Gute Idee, Papa!"

Am meisten gelernt hat Michel aber von Hannes. Der weist
ihn beim gemeinsamen Spielen manchmal in die Schran-
ken: „Das ist mein Auto, das hab ich zum Geburtstag bekommen." Diesen Satz hat sich Michel gemerkt und wendet
ihn jetzt auch immer wieder an. Will er etwas partout nicht
teilen, stellt er das mit einem „Das hab ich zum Geburtstag
bekommen" klar. Auch wenn er weiß, dass das gelogen ist.

Auch Michels Konzentrationsfähigkeit nimmt weiter zu. Er
kann sich schon richtig lange alleine beschäftigen und im

Rollenspiel mit seinen Figuren versinken. Beim Malen wird er kritischer zu sich selbst und immer akkurater.

Und auch seine Fantasie wird größer. „Guck mal da draußen, Papa", ruft er mich zum Fenster. „Da ist ein Gespenst. Das will dir mit dem Hammer auf den Kopf hauen." Zum Glück sagt er es nicht ängstlich, sondern lacht sich dabei selbst kaputt.

Apropos ängstlich: Das bin ich höchstens, wenn ich ihn auf dem Laufrad flitzen sehe. Von einem auf den anderen Tag bewegt er das so schnell und sicher wie ein Harley-Fahrer, der seit 50 Jahren durch das Bergische cruist. Auch motorisch gibt er Gas.

Ich kann Michel also nur zustimmen, wenn er sagt: „Ich möchte auch in den Kindergarten." Ein Jahr gehen sie bald noch zusammen, die beiden großen Jungs. Und sorgen sicher für viele, viele weitere Geschichten.

Noch ein großer Junge: Hannes wird weise

Hannes, 5 Jahre, Michel, 2 Jahre

Endlich ist er raus! Wochenlang hat er schlimmer gewackelt als die Abwehr von Werder Bremen, dann fiel er aus, der erste Milchzahn. Stolz präsentiert Hannes seitdem seine Lücke im Mund und öffnet für jeden Interessierten den Deckel der kleinen Milchzahndose mit dem Dalmatiner drauf, in der es sicher bald noch voller wird. Denn es gibt längst schon weitere Zähne in Hannes' Mund, die ziemlich locker drauf sind.

Hannes findet die Veränderung am eigenen Körper total spannend. „Fallen wirklich alle Zähne aus?", will er wissen. Und als wir diese Frage bejahen, brennt ihm eine Frage noch viel mehr unter den Nägeln: „Wachsen denn auch wirklich alle nach?"

Nicht nur die Zukunft seines Gebisses ist für Hannes aufregend, auch die Tatsache, dass nun die Zahnfee kommt, treibt seinen Puls in die Höhe. Sollte man meinen. Ist aber gar nicht so. „Ich glaube nicht, dass es eine Zahnfee gibt", sagt er nüchtern. „Das machen doch die Eltern." Schiebt sich da etwa schon ein Weisheitszahn nach oben – oder woher kommt diese Altersweisheit bei Hannes? Nun, es liegt wohl einfach daran, dass er kein kleiner Junge mehr ist.

Ihm fällt es sogar selbst auf. Ganz ergriffen stand er neulich in seinem Kinderzimmer, schaute sich um und murmelte in seinen Bart, der zum Glück noch auf sich warten lässt: „Das ist jetzt wirklich ein Große-Jungs-Zimmer."

Tatsächlich haben Hannes' vier Wände in den letzten Wochen eine ganz schöne Wandlung erfahren. Auffälligste Änderung: Dort, wo bis vor Kurzem noch eine Magnettafel stand, fügt sich nun ein neuer Schreibtisch samt Drehstuhl in das Große-Jungs-Zimmer ein. Würde er im Oktober nicht zwei Tage nach dem Stichtag seinen sechsten Geburtstag feiern, könnte er dort ab August seine Hausaufgaben machen. Die Schule muss noch ein bisschen auf Hannes warten, sein privater Stundenplan ist aber schon proppevoll. Lieblingsfächer: Schreiben, Malen, Rechnen und Stecktabellen aktualisieren.

„Jetzt musst du aber auch zusehen, dass du ein bisschen Ordnung hältst auf deinem Schreibtisch", ermahne ich ihn, damit das Chaos nicht überhandnimmt – und habe vergessen, dass ich im Homeoffice bin und er jeden Tag sehen kann, wie ich das mit der Ordnung auf meinem Schreibtisch so halte. Mamas Einwurf lässt nicht lange auf sich warten: „Der Papa kann dir ja zeigen, wie das geht."

Hannes ähnelt mir einfach in sehr vielen Dingen. Mit zunehmendem Alter verstärkt sich das noch. Es hat zum Beispiel gedauert, bis er seinen neuen Schreibtisch akzeptiert hat. „Der soll wieder raus. Ist mir nicht blau genug", erfand er einen Vorwand, um das neue Ding, das sinnbildlich für Veränderung steht, wieder loszuwerden. Dafür fischte er ein paar Tage später den defekten Globus, der schon lange nur noch im Keller stand, wieder aus dem Sperrmüll. Das alte Ding fand einen Platz auf dem neuen Schreibtisch.

Neugierig auf die Zukunft, ohne die Vergangenheit zu vergessen. Keine so schlechte Mischung, finde ich. Es werden noch einige Veränderungen auf dich zukommen, großer Hannes. Ich freue mich drauf, dich dabei begleiten zu dürfen.

Wohin geht die Reise von Hannes und Michel? Ich freue mich auf die Zukunft mit den beiden Jungs.

WO REZEPTE *im Kopf* BLEIBEN UND *Herzlichkeit* AUF DEN TISCH KOMMT,

da ist meine Volksbank im Bergischen Land.

Zwischen Schule, Kita, Arbeit und Haushalt wird der Familienalltag zum Vollzeitjob. Damit Ihre Finanzplanung im Gegenzug für Entspannung sorgt, stehen Ihre Geldanlage und Ihre Altersvorsorge ganz oben auf unserem Stundenplan. Von Herzen!

Volksbank
im Bergischen Land

Familie ist wie ein Baum – die Zweige können
in unterschiedliche Richtungen wachsen,
doch die Wurzeln halten zusammen.

Gärtnerei Höpken

Grünscheid 18, 51399 Burscheid
Telefon 0 21 74 61 8 53
www.gaertnerei-hoepken.de